法治天下

歷代法制與公正嚴明

易述程 編著

崧燁文化

目錄

序言 法治天下

文化是民族的血脈，是人民的精神家園。

文化是立國之根，最終體現在文化的發展繁榮。博大精深的中華優秀傳統文化是我們在世界文化激盪中站穩腳跟的根基。中華文化源遠流長，積澱著中華民族最深層的精神追求，代表著中華民族獨特的精神標識，為中華民族生生不息、發展壯大提供了豐厚滋養。我們要認識中華文化的獨特創造、價值理念、鮮明特色，增強文化自信和價值自信。

面對世界各國形形色色的文化現象，面對各種眼花繚亂的現代傳媒，要堅持文化自信，古為今用、洋為中用、推陳出新，有鑑別地加以對待，有揚棄地予以繼承，傳承和昇華中華優秀傳統文化，增強國家文化軟實力。

浩浩歷史長河，熊熊文明薪火，中華文化源遠流長，滾滾黃河、滔滔長江，是最直接源頭，這兩大文化浪濤經過千百年沖刷洗禮和不斷交流、融合以及沉澱，最終形成了求同存異、兼收並蓄的輝煌燦爛的中華文明，也是世界上唯一綿延不絕而從沒中斷的古老文化，並始終充滿了生機與活力。

中華文化曾是東方文化搖籃，也是推動世界文明不斷前行的動力之一。早在五百年前，中華文化的四大發明催生了歐洲文藝復興運動和地理大發現。中國四大發明先後傳到西方，對於促進西方工業社會發展和形成，曾造成了重要作用。

中華文化的力量，已經深深熔鑄到我們的生命力、創造力和凝聚力中，是我們民族的基因。中華民族的精神，也已深深植根於綿延數千年的優秀文化傳統之中，是我們的精神家園。

總之，中華文化博大精深，是中華各族人民五千年來創造、傳承下來的物質文明和精神文明的總和，其內容包羅萬象，浩若星漢，具有很強文化縱深，蘊含豐富寶藏。我們要實現中華文化偉大復興，首先要站在傳統文化前沿，薪火相傳，一脈相承，弘揚和發展五千年來優秀的、光明的、先進的、科學的、文明的和自豪的文化現象，融合古今中外一切文化精華，構建具有中華文化特色的現代民族文化，向世界和未來展示中華民族的文化力量、文化價值、文化形態與文化風采。

為此，在有關專家指導下，我們收集整理了大量古今資料和最新研究成果，特別編撰了本套大型書系。主要包括獨具特色的語言文字、浩如煙海的文化典籍、名揚世界的科技工藝、異彩紛呈的文學藝術、充滿智慧的中國哲學、完備而深刻的倫理道德、古風古韻的建築遺存、深具內涵的自然名勝、悠久傳承的歷史文明，還有各具特色又相互交融的地域文化和民族文化等，充分顯示了中華民族厚重文化底蘊和強大民族凝聚力，具有極強系統性、廣博性和規模性。

本套書系的特點是全景展現，縱橫捭闔，內容採取講故事的方式進行敘述，語言通俗，明白曉暢，圖文並茂，形象直觀，古風古韻，格調高雅，具有很強的可讀性、欣賞性、知識性和延伸性，能夠讓廣大讀者全面觸摸和感受中華文化的豐富內涵。

肖東發

上古時期 建章立制

春秋戰國是中國歷史的上古時期。此時期的諸侯爭霸、百家爭鳴和各國變法圖強，促成了一個前所未有的動盪與變革局面。

在這個破舊立新的變革時期，法家思想家管仲、李悝、商鞅等人提出了「依法治國」主張，在實踐中積極變法，建立法制，制定法令條例，樹立規範，訂定法則。

透過立法和執法，依法治國，實現了由「刑」到「法」再到「律」的演進，其中包含有法律概念的逐漸清晰以及人們知識水準的發展，對後世封建法律的制定和實施意義深遠。

管仲兼顧富國富民依法治國

■春秋時期齊國名相管仲畫像

管仲，（約前七二三年或前七一六年～前六四五年），名夷吾，史稱管子。周穆王的後代。謚號「敬仲」，故又稱管敬仲。管仲是春秋時期齊國名相，他輔佐齊桓公，以法治國，含括治農、治政、治軍、治貪、治商工等方面，使齊國由弱變強，成為春秋五霸之首。

在法治方面，管仲著重兼顧「富國」與「富民」，採取了許多行之有效的依法治國的措施。他在法律制度和依法治國方面的許多建樹，在中國乃至世界立法史上都屬於首創。

齊國是一個文化底蘊深厚、重視法制建設的國家。管仲承襲了自齊太公姜尚以來一直保持的重農耕、重工商、尊賢尚功、寬厚愛民思想，在齊國頒布了一套新的法律措施。

在管仲以前的數千年中，自從有國家這個概念以來，土地一直都屬於國家所有。這種制度雖然在一定時期內造成十分積極的作用，但是隨著時間的推移，越來越不適用於國家經濟發展的進一步需要。

於是，管仲這位有毅力、有氣魄的政治家迎難而上，在為相期間，他頒布一項法令：「相地而衰征」。意思是按照土地肥瘠的不同，徵收不等額的租稅。這是歷史上第一次以法律形式確定土地私有制。

管仲「相地而衰征」的法令並沒有直接明文規定承認土地私有的合法性，但他把土地分為「陸、阜、陵、墐、井、田、疇」幾個不同的等級，按照農民實際占有土地的品質來分別徵收不同的稅率。

這樣的法令實施的前提，就是土地的所有權是屬於私人的，只有私人的土地才能徵稅。這實際上算是承認了私人占有土地的社會現實。

管仲雖然並未宣布廢除公田，但根據對土地等級的劃分，可以看出管仲已完全突破了井田制模式。

此令一出，農民就可放心耕種私田，只要他們依法繳納稅賦，國家就不干預他們所占有耕地的「公」與「私」，土地能掌握在自己手裡，這是農民一直不敢奢求的夢想，做起農活來就更有動力了。

這個措施不僅穩定了人心，而且因差額稅率較合理地調劑了農民的財稅負擔，從而調動了他們的生產積極性，極大地促進了齊國農業生產的效率，為齊國經濟的快速發展奠定了基礎。

管仲十分重視農耕。農業是一個國家的立國之本，中國古代的農民除了種地養活自己外，還要服徭役，就是為國家做義務勞動。

但是農業發展需要大量的人力物力，因此就勞動力使用上的矛盾引發了一系列問題。管仲及時地發現了這個問題，並且運用立法的手段，以法律的形式保護農業和農民的利益。

管仲除實行「相地而衰征」的政策外，還規定了「無奪民時」的農業保護法，即不允許各級官府、富人在農忙季節徵用勞役，以保護農業生產適時順利地進行。

同時，管仲發布了「犧牲不略」的法令，即不准富人掠奪平民的牛羊牲畜，以保護耕牛的繁殖和牧業的發展。對無法維持生活的窮人，政府要實行救濟措施。

管仲在重視農業的同時，也不忽視商業的發展。因此齊國的貨物流轉天下，齊國的商業一直十分發達。但是在管仲之前，隨著市局的混亂，齊國的貿易額持續下滑，經濟一直呈現萎縮狀態，導致了市場的低迷。

面對這一困境，管仲的舉措體現出了他超乎常人的大氣魄。他利用齊國濱海和礦產比較豐富的有利的自然條件，大力發展漁業、鹽業和冶鐵業。他設置鹽鐵官管理鹽鐵業，並由國家壟斷經營，同時還採取了魚鹽出口免納稅的政策，用以鼓勵漁鹽貿易。

他不僅在國內發展商業，而且還開關通市，廣招天下客商入齊貿易。為此，他制定了優惠的貿易法：「關市譏而不征」。意思就是對國外客商只進行必要的盤查，而免除其關稅。

到齊國通商竟然還免稅，有這樣的好事當然使得天下的商賈雲集於齊國，齊國也因此得到了本國所缺乏的物資，再將多餘的物資賣出國門，這當然對齊國經濟極為有利，促進了市場的繁榮。

管仲還確立了法定的貨幣。管仲在齊國設立了專管貨幣的機構「輕重九府」。「輕重」在古語中指錢幣，「九府」是指掌管財政的九個官署，即大府、王府、內府、外府、泉府、天府、職內、職金、職幣。

齊國由政府統一鑄造貨幣，這種規範的貨幣呈刀形，名為「齊法化」或「節墨之法化」，俗稱「齊刀」。

事實上，在中國歷史上，雖然「國家」的概念出現得早，但一直沒有確立由國家正式頒布發行的貨幣，貨幣也尚無統一形式，用作貨幣的有貝、布、金或銅、帛、皮、幣，以及由官方或民間所鑄的不規範金屬幣等。這些貨幣混亂地流通於市場，對經濟的發展造成了嚴重的阻礙。

作為法幣的「齊刀」出現後，其價值是固定的，可按一定比例與上述貨幣兌換，如「齊刀」一枚值二十貝朋，一貝朋為兩串，每串五個。

在環境保護方面，管仲面對當時「竭澤而漁」的經濟開發問題，為了有效利用齊國的林木和漁業資源，制定了一條「山澤各致其時」的法令。

意思就是禁止人們為了眼前利益而濫伐濫捕，以保護樹木和魚類的正常生長、免遭破壞。伐木和捕獵只準在適當的季節進行。

在國內自由經濟蓬勃發展的同時，管仲並沒有放鬆警惕。因為他知道，市場必須掌握在政府手中，政府必須對市場擁有強而有力的干涉力度，才能保持整個國家經濟秩序的穩定。政府要有控制市場的能力，就必須擁有無與倫比的經濟實力，而這些經濟實力源自於國家的重要產業。

在當時，鹽和鐵作為生活的必需品，其中蘊含的暴利無法想像，同時也為了擴大財政收入的需要，管仲首創了一項名為「官山海」的法令。這是關於由國家設置官員、機構控制山林川澤等自然資源中國古代理財家所提出的經濟政策。

「官山海」中的「山海」，主要指藏於大海中的食鹽和藏於山嶺中的鐵礦兩項重要資源。所以說「官山海」就是實施製鹽業和冶鐵業的國家壟斷性經營，實施食鹽和鐵器的國家專賣。

這就是以法律的形式確立了國家對鹽鐵實行專賣的合法性，有效地保證了國家的壟斷地位，民間商人不得經營。

專賣的盈利，作為政府的財政收入以充實國庫。這種極具特色的財稅政策，被後世統治者所承襲。

管仲為了保證依法治國的有效貫徹和執行，需要得力的官吏來做這項工作。為此，他制定了以德才為標準的選官辦法，在齊國實行「三選」制度。

首先由鄉長和屬大夫薦舉賢才，再經中央長官進行為期一年的考察，最後，由國君齊桓公面試，仔細瞭解他的素質。凡是考問其國家憂患之事而應對不窮而且沒有大過的，就可待時用之。這叫做「三選」。

管仲透過德和才兩方面的標準來選拔人才。在德的方面，他選好義、質仁、慈孝父母又長悌聞於鄉里的人。在才的方面，他強調「好學、聰仁」。

當時齊國人基本還是以自學為主的家學，人才多出自自學和家學，管仲支持、鼓勵好學、聰明是有遠見的。同時他強調人要有勇、體魄強壯、筋骨出眾，這既是國防和軍隊建設的需要，也是國家官員必備的條件。

管仲主張處罰那些不慈孝父母，驕橫鄉里，不遵守法令的人。他多次強調：不准聽淫亂的言辭，不准造淫亂物品。對有違犯君令的人，要分別給予處分，以達到「政成國安」的目的。

透過「三選」，大批有德行有才能的人才源源不斷地被選出來，有勇氣、有體魄筋骨出眾的人才也被選出來，官員不斷得到補充，保持官員團隊的健康發展，對國家的長治久安關係極大。

總之，管仲在立法時著重兼顧「富國」與「富民」兩方面。他這樣立法的最終目的是為了維護國家的利益，但是那種原始的古典的民本思想給民眾帶來了較多的實惠，也正因為如此，齊國才得以成為當時最強盛的大國。

孔子曾經稱讚管仲說：「微管仲，吾其被髮左衽矣。」意思就是說：「要是沒有管仲，我們都會披散著頭髮，衣襟向左邊打開，淪為落後民族了。」

閱讀連結

齊桓公晚年時身邊有易牙、豎刁和開方三個佞臣。齊桓公曾經對他們開玩笑說想嘗嘗人肉的滋味，易牙就把自己親生的兒子蒸了獻上；豎刁為了達到能親近齊桓公的目的，自己做了閹割；開方本是魏國的公子，為了表示對齊桓公的忠誠，十五年不回魏國見父母。

管仲對這三個諂媚小人的意圖瞭若指掌。齊桓公曾想從三人當中提拔一個接替管仲的相位，管仲堅決反對。

可惜管仲一死，齊桓公便讓這三個奸佞小人掌握了朝廷大權。最終害人害己，落了個「身死不葬，蟲流出戶」的異常悲慘結局。

中國古代首次公布成文法

■鄭國執政子產畫像

春秋時期的法制變革，主要體現在公布成文法的方面。在西元前五三六年，鄭國執政子產鑒於當時社會關係的變化和舊禮制的破壞，率先「鑄刑書於鼎，以為國之常法」，這就是中國歷史上第一次正式公布成文法的事蹟。還有晉國的趙鞅（趙簡子）把刑書刻在鼎上，公布了晉國的成文法。鄭國大夫鄧析自行修訂的「竹刑」，在當時影響很大，奠定了後世刑法的基礎。

公布成文法活動是中國法律史上一次劃時代的偉大變革，在中國古代法律史上產生了重大的影響。

春秋時期，是中國奴隸社會向封建社會過渡的時期。這是一個大動盪、大變革的時代，公布成文法的鬥爭就是其中一個重要內容。

在當時，新興地主們反對奴隸主貴族壟斷法律，堅決要求把成文法律公布出來，以保護他們的私有財產和其他權利。代表新興地主利益的子產、趙鞅和鄧析等人，旗幟鮮明地發出了要求法律透明的強烈呼喊，並積極進行公布成文法的實踐活動。

成文法，又稱為制定法，主要是指國家機關根據法定程序制定發布的具體系統的法律文件。成文法是「不成文法」的對稱。國家機關依立法程序制定的、以規範性文件的形式表現出來的法。

中國最早的成文法律出現在春秋時期的鄭國，是由當時在鄭國執政的子產制定的。鄭國雖然有過鄭莊公小霸天下的輝煌歷史，但它畢竟是一個後起的小國，而且，由於長期內亂，鄭國的國力當時已經非常衰弱，經常受到晉國和楚國的欺負。因此，子產在鄭國為相執政後，除了和鄰國打好關係外，就開始了改革興國，大力制定相關法律，剔除弊政，依法治國。

在當時，鄭國國內的宗族勢力非常強大，很大程度上制約和影響了國家的發展。對此，子產採取恩威並用的策略，打擊與安撫並舉。

西元前五三六年，子產意志堅定地開展了法制建設，把懲治罪犯的刑律鑄在金屬鼎上，向全國老百姓公布，令國民們眾所周知這是國家常用的法律。史稱「鑄刑鼎」。這是中國歷史上第一次公布成文法。

鑄刑鼎是子產改革的標誌性事件之一，也是子產對他從西元前五四三年開始執政以來所進行的諸項改革的總結。

子產在改革時曾經從法律意義上規定：君臣上下必須盡職盡責；生產方面田地的封界、灌溉系統必須做好；賦稅確定法定數額；對於卿大夫，忠謹儉約者獎勵提拔，玩忽職守、奢侈腐化者予以撤職查辦等。

子產公布成文法的做法，衝擊了奴隸主貴族的特權，因而遭到守舊勢力的強烈反對。晉國大臣、奴隸主貴族叔向專門為此給子產寫了一封措詞嚴厲的信。

信中說，本來民眾懷著恐懼之心，不敢隨便亂來。你把法律公布了，民眾就會鑽法律的空子，爭相思索怎麼做壞事而不被制裁，這麼一來就不怕長官了，反而會導致犯法的事情越來越多，腐敗賄賂到處泛濫，鄭國也會因此而完蛋！

在子產公布成文法潮流的推動之下，西元前五一三年，也就是子產鑄刑鼎二十多年之後的冬天，晉國趙鞅也展開了積極行動。他向晉國百姓發出徵收鐵的號召，把最後徵收的「一鼓鐵」四百八十斤熔鑄成鼎，將當年范宣子時代所制定的法度鑄於鼎上，向百姓公布。

進入春秋時期，隨著生產力的進步，社會組織結構和政治經濟制度都發生了很大的變化，舊的社會秩序遭到很大的破壞，各諸侯國開始逐漸出現了成文法。

在這場變革中，屬晉國的改革最有成效，公族從政治舞台消失了，維繫統治集團的血緣紐帶被割斷了，土地制度也發生了巨大變化，「作爰田」、「作州兵」，人民與土地從領主手中轉到國家政權手中，促使郡縣制在晉國迅速發展。為了在這種形勢下保證國家體制正常運轉，訴求必須有法典來統治人們。

西元前五五〇年，范宣子在以往晉國法典的基礎上，制定了一部刑書，即「范宣子刑書」，它是晉國法制史上第一部從國家總法中分離出來的刑事法規。其具體內容已難以考知。這部刑書問世後，最初被藏於祕府，為貴族所壟斷。直至西元前五一三年，晉卿趙鞅才把范宣子刑書鑄在鼎上，公布於眾。

鑄刑鼎一事在晉國影響極其深遠，標誌著晉國執政官權威的嚴重下滑，國家離心力的加劇。當晉侯不再是一國之重心，正卿尚且可取而代之。如今正卿的權威也必須受到趙鞅法律的監視與箝制，晉國的向心力受到更為嚴重的削弱。

晉國「刑不上大夫，禮不下庶人」的時代一去不復返了。這是中國歷史上第二次公布成文法。

晉國鑄鼎公布成文法事件，在當時引起社會各界的轟動，造成世人喋喋不休的議論，同時，也遭到了士大夫的強烈聲討。

從晉國的叔向和士大夫的反對，可以看出，在當時公布法律，實在要面對巨大壓力。

其實，公布成文法與反對公布成文法，是春秋時期新舊勢力之間的一場論戰，也是「法治」與「禮治」的較量。儘管「鑄刑書」和「鑄刑鼎」分別遭到守舊勢力的反對和非難，但是，公布成文法已經成為無法阻擋的時代潮流。

事實上，成文法的公布也確實收到了積極的效果。在鄭國，隨著人們逐漸對法律的認識，社會治理的透明度大大增強了，受到大眾歡迎，犯罪案件也大大減少了。

與此同時，子產的改革措施給人們帶來了超過以前的實惠，田地產量增加了，生活變好了，人們由怨恨變成了擁護。

在晉國，鑄刑鼎之後，晉侯已經不再是一國之重心，而正卿雖然可以取而代之，但其權威也必須受到趙鞅法律的監視與箝制，同時也在一定程度上受到公眾輿論的監督。

而從更深遠的意義上看，趙鞅向舊的宗法制度發起猛烈衝擊，嚴重動搖和瓦解了奴隸制的基礎，加速了晉國封建化的進程，其影響甚至波及中國歷史發展的整個過程中。

春秋時期確實是一個大變革的時代。在晉國趙鞅鑄鼎公布成文法之後，西元前五〇一年，鄭國大夫鄧析也把他起草的刑法，刻在竹簡上公布了出來。史稱「竹刑」。

從當時的情況來看，作為公布成文法的方式之一，「竹刑」符合「法律透明」這一時代要求。此前的刑鼎笨重，而「竹刑」則便於攜帶、查閱、遵守和流傳。

「竹刑」最初屬於私人著作，但在當時有很大影響。鄧析雖然因為「私造刑法」有違「國家法制」，被鄭國執政駟歂處死。但是他的「竹刑」在鄭國流傳並為國家認可，從而成為官方的法律。

因為鄧析撰寫的《竹刑》，作為刑書原本沒有什麼法律效力，但在被駟歂採用後，真正具有了實際的法律效力。

與子產等鑄刑鼎一樣，鄧析作「竹刑」也是法家先驅者制定法律和將法令條文公諸於世的一項重大舉措，亦是對奴隸制的否定。

在當時，鄧析比子產還要激進，他對子產所推行的一些政策不滿，甚至對於子產的鑄刑書也多有批評，於是自編了一套更能適應社會變革要求的成文法，將其刻在竹簡上公布出來。

「竹刑」的目的是要改變鄭國的舊制，既不傚法先王，不肯定禮義，也不接受當時國君的命令，這體現了新興地主們的意志。

鄧析還聚眾講學，向人們傳授法律知識和訴訟方法，他家門口擠滿了要求普及法律知識的百姓。他還幫助別人訴訟，被稱為中國歷史上最早的律師。

在訴訟的過程中，他敢於提出自己的獨到見解。在他的倡導下，鄭國出現了一股新的思潮，對當時的統治者造成嚴重威脅。

繼子產、子太叔而擔任鄭國執政的姬駟歂因對付不了這種局面，於是殺其人而用其法，由此可見其「竹刑」的合理性。

「竹刑」、「刑鼎」均已不傳世。但從立法者所推行的政策來看，春秋各國頒行的新法，無疑有利於社會的發展。而且公布成文法的本身，就突破了「刑不可知，則威不可測」的舊傳統，是對貴族壟斷法律特權的沉重打擊。

春秋時期制定和公布成文法，是中國古代法制改革的一次重大勝利，是春秋時期社會變革的深刻反映，對後世產生了深遠影響。

它打破了貴族階級對司法的壟斷，結束了法律高深神祕的狀態，使法律走向了公開化；限制了貴族階級的特權，體現了「法律之前人人平等」的思想；標誌著法律觀念和法律制度的重大進步。

同時，公布成文法為此後的封建成文法的發展與完善積累了經驗，並標誌著以封建社會關係為內容的成文法律體系開始走向中國法律的歷史舞台，在中國漫長的法制史中有著十分重大的意義。

閱讀連結

鄭國有一年發大水，一個富人被淹死了。有人打撈起富人的屍體，富人家屬去贖屍體時，得屍者要價很高。富人家屬就來找鄧析出主意。鄧析對富人家屬說：「你安心回家去吧，那些人只能將屍體賣你的，別人是不會買的。」

於是富人家屬就不再去找得屍者了。得屍體的人也來請鄧析出主意。鄧析又對他說：「你放心，富人家屬除了向你買，再無別處可以買回屍體了。」

鄧析的兩個回答都是正確的，反映出他已經具有法律層面的完整的樸素辨證觀念。

第一部系統封建法典《法經》

■李悝畫像

《法經》是中國歷史上第一部較為系統完整的封建成文法典，但它並不是第一部成文法，在此之前已經頒佈了很多法典，只是不太完善。《法經》的制定者是戰國時期的著名改革家李悝。

當時各國變法很多，李悝在魏文侯的支持下進行變法，其重要的成果之一就是制定了《法經》。《法經》影響深遠，成為以後歷代法典的藍本。

李悝在魏國推行的變法運動，是中國變法之始，在中國歷史上產生了深遠的影響。在當時便對其他各國震憾很大，從而引發了中國歷史上第一次轟轟烈烈的全國性變法，為奴隸制向封建制的過渡，奠定了道路。

繼春秋時期之後，中國歷史進入了戰國時代。這是一個奴隸制徹底瓦解、封建制度初步形成的歷史大變革時代。

新興地主們為了建立和發展封建社會制度，先後進行一系列的變法改革運動，封建生產關係及上層結構在各國陸續確立起來，封建法律制度也取代奴隸制度而逐漸形成。

戰國時期的各國變法運動，首先是從魏國開始的。魏文侯在位統治時期，為了富國強兵，起用李悝為相，著手變法改革。李悝在被魏文侯任命為相之前，曾做過魏國的上地郡守。在任職期間，他就依法治理管轄的區域。

上地郡為魏文侯設置，轄地為洛河以東、黃梁河以北，東北到子長、延安一帶。上地郡西與秦為鄰，是魏國的邊防要地，常與秦國發生軍事衝突。

為使上地郡軍民 提高射箭技術，李悝下令以射箭來決斷訴訟案的曲直。令下後，人們都爭相練習射技，日夜不停。後與秦國人作戰，由於魏軍射技精良，因而大敗秦軍。

射技高低與是非的曲直是不能等同的，李悝用以決曲直的訴案，可能都是一些久拖不決或無關緊要的一般訟案。在戰國時與秦接境的地區，軍事是壓倒一切的任務，李悝用此法來鼓勵人們勤習軍事技術，並取得很好的效果，不能說不是一個獨創舉措。因為他在上地郡的政績不錯，魏文侯才任用他為相，支持他的改革。

在李悝的直接主持下，魏國的變法改革取得了非常顯著的成效，無論在經濟上、政治上，還是法律上都產生了很大的影響。其中在法律方面，編撰《法經》，推行法治。

在當時，李悝廢除「世卿世祿」制度，廢井田開阡陌，盡地力之教，勸農力田，推行「平糴法」。這些措施使得魏國一躍成為戰國初期的強國之一。

為了進一步實行變法，鞏固變法的成果，李悝曾彙集各國刑典，編成《法經》一書，透過魏文侯予以公布，以法律的形式肯定和保護變法，使之成為固定的封建法律。這是中國歷史上第一部系統完整的法典著作。

李悝是法家的早期代表人物，而他的老師卻是儒家創始人孔子的嫡傳弟子子夏。子夏的思想核心是「重禮」和「博學」，李悝繼承了子夏的「重禮」思想，體現在《法經》裡面，就是在廢除「世卿世祿」的同時，又正式確認了封建的森嚴等級制度。這反映了李悝立法思想受到儒學影響。

《法經》產生於戰國初期，正是中國由奴隸制社會向封建制社會轉型時期，它所代表的法律文化，是建立在新興之封建的自然經濟基礎上的，其內容是受封建的自然經濟關係所制約的。

按史料記載，《法經》共有六篇：《盜法》、《賊法》、《囚法》、《捕法》、《雜法》和《具法》。

《盜法》是涉及公私財產受到侵犯的法律；《賊法》是有關危及政權穩定和人身安全的法律；《囚法》是有關審判、斷獄的法律；《捕法》是有關追捕罪犯的法律；《雜法》是懲治盜賊罪以外的其他犯罪的法律；《具法》是規定定罪量刑的慣例與原則的法律。

《法經》首先是一部私有制法，「王者之政，莫急於盜賊」是該法的立法之本，認為盜賊是法律打擊的最主要對象，排在開頭的《盜法》、《賊法》就是專講侵犯私有財產的犯罪行為及懲治辦法。

對於盜竊他人財產的行為，法律規定了直至籍沒其妻家、母家等最嚴厲的懲罰，甚至連路上拾遺的行為都要遭到斷足的處罰。

雖然刑罰過於殘酷，但這種保護私有制，以確立嶄新生產關係的決心是躍然可見的。

在價格方面，《法經》中的限制價格是與變法中的「平糴法」一致的，目的是防止價格大幅波動，以穩定市場。

在反貪汙方面，《法經》中規定，禁止官員貪汙受賄，違者，將軍級別以下的處死，宰相則處死其下屬。

在戶籍方面，《法經》中規定，所有本國居民都必須登記在冊，登記的內容包括姓名、性別、出生年月等。

在婚姻方面，《法經》規定，禁止夫有二妻或妻有外夫，夫有二妻的要被處死，有一妻二妾的要被處以敲掉腳踝。關於一夫一妻制，在一夫多妻制的時代，李悝確立這一原則其進步意義是不言而喻的。

有了法，就可以「以法治國」。《法經》所確定的「法治」原則是不分親疏，不別貴賤，一概由法律來裁斷，其目的是要取代奴隸制時代的「禮治」。

同時，《法經》改刑為法，將法與刑分開，並以嚴懲盜賊罪為核心，為封建法典系統化奠定基礎，在中國立法史上占有十分重要的地位。

《法經》對後世的封建立法及其法制內容產生著深遠影響。繼此之後，商鞅就是帶著《法經》到秦國去的，並在此基礎上制定出《秦律》；蕭何在《法經》六篇的基礎上把漢代法律增加到九篇；以後的唐律，乃至明清刑律，無不秉承著自李悝以來所確立的立法原則。

閱讀連結

魏文侯準備任魏成為相。翟璜很不服氣，他對李悝控訴自己為魏文侯所做的一切。

李悝耐心聽完，然後說：「您怎麼能跟魏成相比呢？魏成有千鐘俸祿，只有十分之一用在家裡，十分之九用於招攬人才，其所推薦的卜子夏、田子方、段干木等人，君主把他們都奉為老師。而您所推薦的那五 ☒ 個人，君主只是把他們當成臣屬，您怎麼能跟魏成相比呢？」

翟璜聽後滿面羞愧向李悝拜了兩拜說：「我翟璜是淺薄的人，說話很不得當，我願終身做您的弟子。」之後魏文侯任魏成為相，翟璜在李悝的開導下也沒意見了。

先秦法家三派及其法制建設

■商鞅雕塑

法家是先秦諸子中對法律最為重視的一派。先秦法家學派以法、術、勢三個派系成鼎足之勢。法派以商鞅為宗，主張以嚴刑厚賞來推行法令；術派以申不害為宗，主張君主駕馭群臣的手段；勢派以慎到為宗，主張君主集權。

他們主張「以法治國」，提出了一整套理論和方法，為後來建立封建法典提供了理論依據。

戰國歷史上最成功的變法是商鞅變法，商鞅變法使秦國強盛了百年，使得秦國國富兵強，最終在秦始皇的手下一統中國，可見商鞅變法的巨大功效。

商鞅是戰國時期著名的法家代表人物，是「法」派的代表。他應秦孝公求賢令入秦，說服秦孝公變法圖強，推行了一系列改革措施。

商鞅在秦國輔佐孝公進行的法制改革，分兩次進行。第一次主要是以剝奪舊貴族的特權為主；第二次是以廢除舊貴族賴以統治的經濟基礎為主。兩次法律改革中採取了諸多措施並影響深遠。

一是剝奪舊貴族的特權。一方面，廢除「世卿世祿」制，規定除國君嫡系以外的宗室貴族，若無軍功，就撤銷其爵祿和貴族身分。另一方面，獎勵軍功，建立軍功爵祿等級制度，擴大新興地主們的社會基礎。此外，取消「刑不上大夫」的特權，這乃是對舊貴族在法律方面特權的剝權。

二是從法律上廢除井田制。廢除原來井田制的田界，確立封建土地所有制，國家按畝收稅作為財政的來源，從而廢除了舊貴族賴以統治的經濟基礎。同時，允許土地可以自由買賣。這一規定，更有利於封建生產關係的確立與發展。

三是頒布「連坐法」。所謂連坐，即因一人犯罪牽連親屬、鄰里、同伍以及其他與之有聯繫的人都要承擔罪責的刑罰制度。連坐的範圍很廣，有同居連坐、鄰伍連坐、軍伍連坐、職務連坐等。

並規定同伍有罪互相糾舉，獎勵告奸，不告奸者腰斬，告奸者受賞，匿奸者與降敵同罪。實行這樣一套嚴厲的管理體制，有利於中央對全國的管理，從而加強了中央集權制。

四是執法不分親疏。商鞅強調，立法必須嚴格執行。他規定：自卿相、將軍以至大夫、庶人，不分職務和身分的高低，凡不服從君王命令，觸犯國家法律，破壞國家制度的，「罪死不赦」。

秦國由於商鞅變法，改革比較徹底，推行新法比較得力，並建立了一套新的符合經濟基礎需要的行政管理體制和各項制度，所以秦國經濟很快得到發展，逐漸具備了雄厚的政治經濟實力，一躍而為七國之首，為後來秦王嬴政統一天下奠定了基礎。

申不害是戰國時期著名的思想家和改革家，法家思想代表人物之一，以「術」著稱於世。他原是鄭國人，韓滅鄭後，申不害被韓昭侯起用為相，進行改革。申不害主張以法治國，而韓昭侯又頗具雄心。於是，申不害在韓昭侯的支持下，提出了一整套內修政教的「術」治方略。

一是整頓吏治，加強君主集權統治。申不害首先向當時挾封地自重的俠氏、公釐和段氏三大強族開刀，果斷收回其特權，毀掉其城堡，清理其府庫財富以充盈國庫。這不但穩固了韓國的政治局面，而且使韓國實力大增。

與此同時，大行「術」治，整頓官吏隊伍，對官吏加強考核和監督，有效提高了國家政權的行政效率，使韓國呈現出一片生機勃勃的景象。

二是整肅軍兵。申不害被韓昭侯任命為上將軍，將貴族私家親兵收編為國家軍隊，與原有國兵混編，進行嚴格的軍事訓練，使韓國的戰鬥力大為提高。

特別值得一提的是，申不害為富國強兵，還十分重視土地問題。他極力主張百姓多開墾荒地，多種糧食。同時，他還重視和鼓勵發展手工業，特別是兵器製造。

所以戰國時代，韓國冶鑄業是比較發達的。當時就有「天下之寶劍韓為眾」、「天下強弓勁弩，皆自韓出」的說法。

申不害在韓十五年，幫助韓昭侯推行法治和「術」治，使韓國君主專制得到加強，國內政局得到穩定，貴族特權受到限制，百姓生活漸趨富裕。韓國雖然處於強國的包圍之中，卻能相安無事，成為與齊、楚、燕、趙、魏、秦並列的「戰國七雄」之一。

慎到是戰國時期趙國人，原來學習道家思想，是從道家中分出來的法家代表人物，是「勢」派的代表。齊宣王時他曾長期在稷下講學，主張實行法治，重視權勢，做到令行禁止。慎到在講學時學生很多，在當時享有盛名。他對法制思想在齊國的傳播做出了貢獻。

一是尊君和尚法。慎到非常重視法律的作用，認為治國無法則亂，堅決主張「法治」；而要實行「法治」，就必須尊君和尚法。

為了尊君，慎到不僅反對與國君分庭抗禮的貴族，也反對儒、墨的尊賢、尚賢，認為「多賢不可以多君，無賢不可以無君」；為了尚法，在君主具體執法過程中，百姓、百官聽從於君主的政令，而君主做事必須完全依法行事。只有各級官吏嚴格遵守法律和執行法律，百姓接受法令的規定，依法行事，這樣才能實行法治，並取得功效。

二是君主要有立法權。慎到認為，重「勢」是為了重視法律。君主如果要實行法治，就必須重視權勢，這樣才能做到令行禁止。同時，君主只有掌握了權勢，才能保證法律的執行。因此，立法權要集中於君主之手。

慎到把君主和權勢分別比喻為飛龍和雲霧，飛龍有了雲霧才能飛得高，如果雲霧散去，飛龍就是地上的蚯蚓了。

如果有了權勢，即使像夏桀那樣的昏庸殘暴，命令也能執行，即「令則行，禁則止」。如果沒有權勢，即使像堯那樣賢德，百姓也不會聽從命令。

三是變法圖強。慎到認為，國家應該走向富強，法也必須不斷變化以順應時代，否則，法就會衰敗，並走向消亡。所以，作為君主的責任之一就是變法圖強。

四是公平執法，反對人治。慎到提倡法治，強調公平執法，反對人治。主張立法要為公，反對立法為私。他認為法治比人治優越，甚至說就算不好的法律也比沒有法律好。

慎到把法看成是國家根本，是維繫社會秩序、倫理道德的可靠保證。慎到提倡在法治的基礎上依照事物的本性，順其自然，法也必須遵循自然本性。

這表明慎到的思想是老莊道學與法家的合流。慎到的思想，實質上是當時以封建土地私有制為基礎的新興地主們私有觀念的反映。他認為國君如能根據實際情況來立法，立法以後凡事公正的靠法律來裁決，就能治理好國家。

慎到把國家職能規範化，體現和保證了統治階級的利益，無疑是傑出的思想。慎到的法治思想有著重要的理論價值。

總之，先秦法家三派各自強化了法的概念，宣揚了貴族和平民在法律上為平等的思想，主張採取積極的態度變法圖強。他們為此制定的嚴密而具有強制性的法律制度，是獻給君主「富國強兵」的良策，成為了君主治國的法寶，對於推動社會進步發揮了一定的作用。

閱讀連結

《戰國策》中就記載有一個申不害「走後門」的故事。有一次，申不害憑藉相國的身分，向韓昭公說情，為他的一個堂兄謀求官職。韓昭公不准，於是申不害面有怒色。

韓昭公就生氣地說：「我施行你的變法主張，是為了治理國家。現在是要我聽從你的請求而敗壞你的治國之術，還是施行你的治國之術而廢去你的請求呢？我究竟該怎麼辦呢？」

申不害見自己理虧，只得避席請罪，慚愧地說：「您真是嚴守法令的人啊！」

中古時期 禮法並用

秦漢至隋唐是中國歷史上的中古時期。秦朝創立了封建專制主義中央集權的政治法律制度，結束了中國奴隸制的歷史，開闢了中國封建法制新時期。

漢朝法制既用法家之法，又用道家思想，並輔以儒家思想為法制的指導思想。從漢武帝之後，儒家思想成為了正統思想，並輔以法家思想作為指導，對此後歷代王朝的立法影響深遠。

後來的三國兩晉南北朝（又稱魏晉南北朝）和隋唐，無不逐漸使法制儒家化。這種剛柔相濟的法制之道，體現了中國中古時期「禮法並用」的特點。

秦朝完善的政治法律體系

■秦始皇畫像

西元前二二一年，秦始皇消滅六國，結束了春秋戰國以來諸侯長期割據的局面，建立了中國歷史上第一個統一的中央集權的封建王朝。秦始皇是封建專制主義中央集權的政治法律制度的創立者。

他繼承和發展了先秦法家的法律思想，在立法上，除了注重制律外，還注重做到以律為主，多種法律形式相互補充，以此來完善法律體系。

這一做法被後世大多數統治者所繼承，從而形成中國古代立法的一大傳統。秦朝的法制風格，在中國法制史上是獨樹一幟的。

秦始皇是法家思想的崇拜者。法家思想中韓非的以法治為中心，以法、術、勢相結合的思想，對秦始皇政權和法制活動影響極大，成為其法制建設的指導思想。

在這一思想指導之下，秦朝統治者建立了一套完善的封建法律體系，維護其封建統治。秦朝法律體系包括立法原則、法律形式、立法活動、訴訟制度、執法機構的建立等幾個方面。

秦朝立法原則包括三個方面的涵義：

一是法令由一統。這有兩層意思，其一是全國都要實行統一的法度律令；其二是最高立法權屬於皇帝。

二是事皆決於法。其實這本來是戰國時新興地主「以法治國」的主張。秦朝建立後，仍以此作為指導，加強立法，做到凡事「皆有法度」。

三是以刑殺為威。主要表現在兩個方面，其一是法網嚴密，以致於人們動輒便觸犯刑律；其二是嚴刑重罰。這是商鞅重刑思想的延續和發展。

秦朝的法律形式主要有這樣幾種：

一是律。這是當時最主要的法律形式。

二是令，即制和詔。當時的命、制、令、詔，從法律意義上說並無區別。律與令經常並列使用。

三是式。指的是關於案件的調查、勘驗、審訊等的程序、文書程序以及對司法官吏審理案件的要求。

四是法律答問。這是對《秦律》的某些條文、術語和律義以問答的方式作了明確的解釋。這對正確運用法律，更為有效地貫徹立法意圖，具有重要作用。此外還有程、課等法律形式。

秦朝立法包括刑事立法，民事立法，以及行政立法和經濟立法等。

在刑事立法方面，秦朝遵循定罪量刑的主要原則，制定了不同的刑罰種類及犯罪種類。

秦朝的定罪量刑原則包括：成年與否（男六尺五吋，女六尺二吋為成年人，達到此身高者開始負刑事責任，否則不負刑事責任）；區分有無犯罪意識（區分故意與過失）；數罪並犯的情況下，將數罪合併在一起處刑；兩人或兩人以上所犯下的罪，處刑加重；自首者可以略為減輕罪刑；對故意捏造事實，向司法機關控告他人者，處以與所誣罪名相應的刑罰。

秦朝屬於封建社會初級階段，在很大程度上沿用奴隸社會以來的刑事法律制度，同時秦朝統治者又奉行法家的「重刑主義」，主張「以刑去刑」，因此秦朝刑罰種類繁多，手段殘酷。

秦朝刑罰的種類包括死刑、肉刑、勞役，以及遷、貲、誶等刑罰。對於犯罪的種類，秦朝法律規定的有：

不敬皇帝罪。據秦律令，不僅對皇帝本人有失恭順，而且對其命令有所怠慢，都視為對皇帝不敬。聽命書時，要下席站立，表示恭敬，否則，罰錢並撤職，永不敘用。

誹謗與妖言罪。《集解》中有「秦禁民聚語」句，意思是禁止人民誹謗皇帝。

盜竊罪。以公開或祕密的方式把他人的財物據為己有的行為。

賊殺傷罪。秦簡中有許多關於「賊殺人」、「賊傷人」的規定，這種行為對社會治安構成嚴重威脅，因此對其鎮壓嚴酷，防範也特別嚴密。

盜徙封罪。偷偷移動田界標誌。

以古非今罪。以過去的事例，指責現時的政策和制度。

妄言罪。發布反對或推翻秦朝統治的言論。

投書罪。投遞匿名信。

乏徭罪。就是逃避徭役。

在民事立法方面，秦朝規定了財物所有權、契約、婚姻等。

秦朝規定了財物所有權。秦代所有權的內容就不動產而言，主要是土地房屋，即所謂田宅。動產除其他財物外，還包括奴隸。人民要向政府據實登記所有田地，由政府承認其土地所有權。這是秦王朝在全國範圍內推行土地私有制的法令。這個法定的推行，促進了土地私有制的進一步發展。

秦朝債的法律關係主要有：買賣契約、借貸契約、僱傭契約及租借契約幾種。對於借貸契約，秦律規定欠官府債務無力償還時，可以勞役抵償之。

秦時取消良民和賤民身分地位的限制，允許良賤通婚；禁止與他人逃亡之妻成婚；男入女家的贅婿地位低下，受人歧視。

在其他立法方面，秦統一全國後，創建了一整套順應專制主義中央集權所需要的行政管理體制和官吏管理制度，其後歷代王朝的有關制度，都是在此基礎上不斷發展完善的。比如確立了皇帝制度。皇帝是封建國家的最高統治者，獨攬全國政治、經濟、軍事、行政、立法、司法、監察等一切大權。

秦朝相當注意利用自然資源鞏固其統治，這方面的法律有秦簡《田律》。秦始皇採取各種措施發展農業生產，要求各級官吏掌握農業生產情況，並透過法律規定農業生產具體措施。

為保證產品品質和數量，秦朝制定了《工律》、《均工》、《工人程》等法律令。

為維護正常的貿易，秦朝制定了有關商品價格、貨幣比價、度量衡誤差限度等法令。如《金布律》、《關市律》等。

秦朝還建立了訴訟制度。秦朝訴訟形式根據訴訟人在案件中的地位，大致可分兩種：一是官吏，如御史和其他官吏，他們糾舉犯罪，提起訴訟；二是一般平民，主要是當事人。

秦朝訴訟程序有「公室告」和「非公室告」之分。殺傷他人或者盜竊他人的為公室告；子女盜竊父母，父母擅自殺死、殘傷、髡剃子女及奴妾的為非公室告。對於公室告的案件，官府必須受理，對於非公事告的案件，官府不予受理。如果控告人堅持告訴，還要追究控告者的刑事責任。

秦朝司法機關對當事人的審理方法和步驟大致是：聽取當事人口供；根據口供中的矛盾之處和不清楚的地方提出質問；對多次改變口供，不肯認罪服罪者，施加刑訊。

審訊後，作出判決，就是宣讀判決書。宣讀判決書後，當事人服罪，照判決執行。如稱「冤」，可以請求再審。請求再審可以由當事人提出，也可由第三人提出。

秦朝從中央到地方設置各級官吏，以保證法律得以有效實施。皇帝之下設三公，丞相是皇帝下的行政長官，輔佐皇帝總理百政。太尉是中央掌管軍事的長官。御史大夫負責監察百官。

丞相下設中尉、九卿，九卿包括奉常、郎中令、衛尉、太僕、廷尉、典客、宗正、治粟內史、少府，分別掌管祭祀、禮儀、軍事、行政、司法、文化教育事務之官。

秦時地方建立郡縣制，少數民族聚居區設道，縣以下有鄉、亭、里。郡縣既是地方行政機關，又是地方司法機關。鄉、亭也有一定司法管轄權。

為了使制定的法律能夠得到行之有效的貫徹，秦法注重加強「吏治」，對各級官吏的爵制、俸祿、任免、調動、考核、獎懲等方面作了嚴格的規定。

秦朝法律涉及政治、經濟、軍事、文化、思想、生活等各個方面，使各行各業各個領域「皆有法度」。

秦朝法律的標誌就是《秦律》。秦朝的法律吸收了三代以來法制文明成果，尤其是對於戰國時代各諸侯國在法律建設方面各項有益的探索進行了系統的梳理、改造和取捨，造成一個承上啟下的作用。它結束了中國奴隸制的歷史，開闢了中國此後數千年封建法制新時期。

閱讀連結

秦王嬴政是一個很有心智的君主，他在一統六國之前，就對商鞅的法治很是崇拜，唯法是從，他堅信，只有貫徹這種法治，才能振興大秦，才能一統天下。

秦王嬴政沒有其他諸侯君主的傲慢和自大，他處事冷靜，勇於面對事實，並能虛心接受與自己相左但有道理正確的提議。當時的嬴政算得上是一個好君王，是戰國末期少有的以天下為己任的人。

漢朝立法思想走向儒家化

■漢高祖劉邦畫像

西元前二〇六年，劉邦入咸陽以後，宣布廢除秦朝的苛刑，與關中百姓「約法三章」，即「殺人者死，傷人及盜抵罪。（殺人者處死，傷害及盜取財物給予和罪行相應的刑罰）」制定《九章律》。漢朝在繼承秦朝政治法律制度基礎之上又有所發展，注重體現儒家化的立法指導思想。

漢律從「無為而治」到「德主刑輔」，經歷整個漢朝，《九章律》為主體的漢律十六篇，是兩漢時期近四百年間的立法成果。

漢朝的法制建設，進一步加強了君主專制中央集權的控制，也對後世的影響延續了近千年直至清末，在中國歷史上具有巨大的影響。

漢高祖劉邦在天下初定後，吸取秦朝滅亡的教訓，注重休養生息，無為而治。他命蕭何改革秦政，制定漢律。蕭何在李悝《法經》六篇的基礎上，取漢初的約法三章及秦法六律，又補充了《戶律》、《興律》和《廄律》，合為九篇，成《九章律》，即一般所說的「漢律」。

兩漢以《九章律》為主要法律，其外的輔助性法律也以「律」命名。這類「律」包括叔孫通《傍章》十八篇，張湯《越宮律》二十七篇，趙禹《朝律》六篇，共六十篇。

事實上，漢以後的歷代法律也大多以「漢律」為藍本，它被譽為律令之宗，「百代不易之道」。

隨著漢初近三十年的休養生息，社會經濟迅速恢復，政治形勢趨於穩定，犯罪現象大為減少。原來殘酷野蠻的刑罰制度，越來越不適應社會發展的客觀要求。為此，廢除酷刑，改革刑制，已成為大勢所趨。

西元前一六七年，漢文帝以緹縈上書為起因，下詔修改現行刑制。此次改革從法律上廢除了肉刑，具有重大意義，但也不盡理想，還存在著一定的缺陷，有待進一步完善。

漢景帝時期，在漢文帝改革基礎上，又進一步深化刑制改革。經過文景時期的刑制改革，漢朝的刑罰制度發生了較大的變化。

漢朝勞役刑已確立固定刑期，據東漢衛宏《漢舊儀》所載：髡鉗城旦舂為五年刑，完城舂為四年刑，鬼薪白粲為三年刑，司寇為二年刑，隸臣妾及罰作、復作為一年刑。

另外還有一些不定期的勞役刑，如輸作左校、輸作右校、輸作若盧等，即是將某些刑徒送到將作大匠或少府等官署所掌管的宗廟、陵園、宮室、道路、苑囿等工程建設中，從事某些勞役或雜役。

徙邊本是秦制，漢朝沿襲不改。當時，出於「以全人命，有益於邊」的多重目的，將徙邊作為減死一等的代用刑，把大批重犯連同家屬，一同遷徙邊地定居服役。

它既寬恕了死刑犯的生命，體現了朝廷的「仁慈恩赦」，又為邊地的經濟開發提供了大量勞動人手，節省了為邊防建設運輸軍糧的費用，還可避免這些危險的重罪案犯對內地統治中心的潛在威脅，可謂一舉多得。按照法律規定，凡徙邊之人，未經朝廷許可，不准擅自離開邊地返回。

漢朝贖刑沿襲秦制，除以錢、谷、縑等贖抵本刑外，還有罰俸入贖之法，以處罰某些犯法官吏。尤其當時還新創女徒顧山之制，又稱雇山，即允許女勞役刑徒回到自己家中，每月繳納三百錢給官府，由官府僱人上山砍伐山林，從事勞作，以贖抵女徒其應服刑役。故該制也屬於一種贖刑。

隨著漢朝法律開始儒家化，為了維護和加強專制皇權與君主集權，漢律規定了一整套相應的罪名與刑罰。漢律規定的罪名，把專制皇權與君主集權的地位提升到迷信神化的高度。比如：矯制、矯詔罪，即假托或詐稱皇帝詔旨發號施令或實施行動。

犯蹕罪，皇帝出行所經之處，要清道開路，嚴禁外人通行，稱為蹕，凡衝撞皇帝儀仗、車騎，或迴避不及時者，即構成犯蹕罪。實際上，對犯蹕罪往往處刑極重。此外，還有不道罪，不敬、大不敬罪，僭越、逾制罪，誹謗罪等。

漢朝對所有權的規定，主要包括土地等各種財產的所有權。就土地所有權而言，當時仍為國有與私有並存，都是受法律保護的，任何人不得隨意侵犯。

漢朝社會經濟迅速發展，買賣關係十分活躍，亦出現了訂立契約之類的法律規定。漢朝法律對正當合法的買賣關係是予以保護的。

隨著經濟活動的日益頻繁，漢朝的借貸關係也相當發達。根據漢律規定，凡借錢於人，須按規定收取利息，並要繳納一定稅額；違法提高利率，或逃避納稅，或逾期不償還借貸，都要受到法律制裁。

在家庭關係方面，漢朝法律確立了「父為子綱」的父權家長制原則。漢律規定，凡有對家長不孝言行，或觸犯父權統治者，要處以棄市極刑；而毆打殺害家長者，更屬大逆重罪，一律嚴懲不貸；甚至告發父權家長之罪狀者，亦要按不孝罪處死。如西漢衡山王劉賜太子劉爽，即因告發其父謀反，而以不孝罪棄市。

為了發展社會經濟，漢朝政權頒布了一些保護農業生產的法令。比如西漢政權一建立，漢高祖即頒布法令：士兵復員回家，流民各歸本縣，恢復原有田宅，按功勞賞賜土地。

因饑餓自賣為奴者，免為庶人，增加勞動人手。凡不執行此令者，從重論罪。漢朝還放寬土地限制，解除山林川澤之禁，允許民眾墾殖；減輕田稅負擔；重視興修水利等。

漢朝的賦稅，主要有土地稅、人口稅與資產稅。土地稅亦稱田租或田稅，漢初為十五稅一；文帝時兩次減半徵收，後又免稅十三年；景帝時改征三十稅一，遂為定制。

人口稅為按人徵收，凡七歲至十四歲未成年人，每年二十錢，武帝以後增為二十三錢，稱為口賦或口錢；十五歲至五十六歲成年人，每年一算，徵收一百二十錢，稱為算賦。資產稅亦稱貲算，按財產每萬錢徵收一算即一百二十錢。

課役義務分為兵役與徭役兩種。漢初規定：男子年滿十七歲登記役籍，稱為傅籍，表示成丁;開始服役，稱為正卒。景帝二年改為十二歲傅籍，昭帝以後又改為二十三歲傅籍。

正卒中身強力壯者服兵役，一年在本郡當郡兵，一年當戍卒戍邊，或作衛士戍守京師。其餘服徭役，每人每年一個月，稱為更役；服役者稱為更卒。凡親身服役叫做踐更，出錢請人代役叫做過更。代役錢每月三百錢，後來成為一項固定稅收（代役稅），稱為更賦。

西漢初年，實行鹽鐵私營政策，政府僅徵收其稅利。漢文帝放寬山澤之禁，減免鹽鐵稅收，出現一大批經營鹽鐵暴富的私營者。

漢武帝以後，改為鹽鐵官營，在全國分別設立鹽官三十五處、鐵官四十八處，統一經營鹽鐵產銷。自漢和帝時起，又恢復了鹽鐵私營的放任政策，僅以徵稅為國家調節的法律手段。

西漢初年，國家控制貨幣鑄造權，曾制定《錢律》及《盜鑄錢令》等法規，禁止民間私自盜鑄錢幣。由於高祖時所鑄莢錢質量低劣，高后時通行的八銖錢又耗銅太多，故漢文帝時改鑄四銖錢，廢除《錢律》及《盜鑄錢令》，允許民間私鑄。

此禁一開，不僅鑄錢者日益增多，甚至有些農民也棄農採礦鑄錢，而且所鑄銅幣大量摻假，品質極差。儘管當時法律有嚴厲規定，但仍無法改變貨幣混亂的現象。故漢景帝時再度頒定《鑄錢偽黃金棄市律》，將鑄幣權收歸國家控制。

西元前一一三年，漢朝將地方郡國鑄幣權收歸中央，專由水衡都尉屬官上林苑的均輸、鍾官、辨銅三令鑄造五銖錢。從此，確立了統一的五銖錢制度。

為了抑制富商大賈獲取暴利，解決國家財政問題，漢武帝以後，推行了均輸、平準法，以調節各地貨物的交易流通，平抑市場物價。

均輸法是由大農在各郡國設置均輸官，將當地應輸送京師的土特產品，轉運異地出售，再收購其他物品輾轉交換，最後把京師所需物品直接運抵關中。

平準法是在京師設置平準官，接收各地的均輸貨物，按市場物價漲落情況，賤買貴賣，以調劑供需，穩定物價。均輸、平準法的推行，避免了各地貨物供非所需的不合理現象，降低了運輸費用，也克服了商人囤積居奇、哄抬物價等現象。

漢朝司法機關基本沿襲秦制，仍為中央與地方兩套系統。中央設廷尉，為最高常設司法機關。最高長官廷尉之下，設正、左右監等官。

漢宣帝時，增置左右平。東漢省右監、右平，只設左監、左平，但廷尉府吏員增置一百四十人，其組織機構有所擴大。

在沿襲並完善皇帝制度與三公九卿制的基礎上，漢朝又建立起一套由「中朝」發展而成的尚書臺閣制度。這標誌著以丞相為首的號稱三公的政府首腦已成為名義上的虛設職位，其權力基本轉移到皇帝控制的尚書臺。三公要想參與決策，反而需要由皇帝任命一個錄尚書事之類的名號才行。

在地方政權機構方面，漢朝實行郡縣制與分封制並存的體制。並制定了一系列有利於執法的措施。

漢朝的訴訟與審判制度也比較完備。訴訟審判程序包括起訴、審判與覆核、上訴與上報、錄囚等。《春秋》決獄法律化與秋冬行刑制度化，是漢朝司法制度開始儒家化的重要表現和標誌。

《春秋》決獄是漢朝判案斷獄的一種原則、方法和制度。它是直接引用《春秋》為代表的儒家經典的經義內容，作為審判案件的法律依據。

漢朝重大案件的審理判決與刑罰執行，有嚴格的時間限制。凡死刑一般在立秋至冬至這段時間內執行，故稱秋冬行刑。

這一制度的理論依據，是董仲舒所主張的陰陽五行學說和天人感應理論。他認為，春夏是萬物生長復甦季節，應養生養德，不宜違背天時而殺生；秋冬系萬物凋零季節，決死行刑符合天道。

這種帶有濃厚宗教迷信色彩的行刑制度，合乎《春秋》經義的基本精神，是儒學思想宗教神學化的產物，因而是漢朝司法制度開始儒家化的又一典型標誌。

閱讀連結

張釋之親自審訊驚擾了皇帝車駕的人。這個人辯解說，他因為聽到了清道禁止通行的命令後躲在橋下。過了好久，以為皇帝的隊伍已經過去了，就從橋下出來，卻一下子看見了皇帝的車隊，於是急忙逃跑。

張釋之在弄清來龍去脈後去見漢文帝，他說：「廷尉是天下公正執法的領頭人，稍一偏失，而天下執法都會任意的或輕或重，這樣老百姓豈不是會手足無措？願陛下明察。」

漢文帝聽了張釋之的話，最終理智還是戰勝了情感，同意從輕發落。

三國兩晉南北朝禮法合流

■諸葛亮畫像

三國兩晉南北朝上承秦漢，下啟隋唐，立法指導思想有很大變化，立法活動頻繁。就法律內容而言，這一時期的法律以「禮法合流」為主要特點。三國兩晉南北朝是禮法結合的新階段。三國時，曹操、諸葛亮就是以「重法」而著稱的。

「禮法合流」確定了一系列反映儒家倫理精神的法律原則和制度，從而基本完成了中國傳統法律儒家化的進程，為中華法系在隋唐時期的發展與最終成熟奠定了基礎。

三國兩晉南北朝時期的法制指導思想，總的發展趨勢是沿著漢朝確立的「德主刑輔」思想繼續推進法律的儒家化，進一步引禮入律。

三國時期，立法指導思想繼續儒家化。比如曹操主張兼採法家與儒家治國策略而禮刑並用，根據社會形勢的安定與動亂之變化而有所側重。

兩晉時期，由於門閥士族統治的發展，儒家「禮有等差」的思想更適合當時的政治需要，這種思想積極地引禮入律，促進了法律的進一步儒家化。

南北朝時期，南朝法律思想一遵西晉，宣揚禮教，建樹不大；北朝雖多為少數民族建國，但入主中原後，很快接受儒家思想，深受漢晉法律文化的影響，很快確立了以德禮為主的法制指導思想，法制建設取得了較大成就。

以儒家思想為指導的立法活動，在三國兩晉南北朝時期比較頻繁，其中的幾部重要法典，標誌著這一時期立法活動的豐碩成果。

三國初期的立法活動，沿用漢制，承襲漢律。當時社會形勢不穩定，各國不具備制定新法的條件。又都各自看似名正言順:劉備堅持正統，曹操「挾天子以令諸侯」，相比之下，孫吳政權的法律多承襲漢制，少有建樹。

蜀漢以漢室宗親自居，國號「漢」宣示了該政權的正統地位。因此，蜀漢的法律只能在沿用漢律的基礎上，進行小幅的修正和增刪。

蜀漢的立法者主要是諸葛亮。在他執政時期，創制了不少軍令、科條。蜀漢最重大的立法活動，當屬制定《蜀科》以推行諸葛亮「以法治蜀」的主張，它是蜀漢的基本法典。

《蜀科》也叫《漢科》，其內容涉及刑事、民事、訴訟法律制度三個方面。

《蜀科》的刑事法律制度包括刑名和犯罪種類兩個部分。刑名有夷三族、棄市、斬、連坐、杖刑和鞭刑、廢刑和徙刑、下獄幽閉，以及降職、免官等；犯罪種類有危害政權及皇權的犯罪、官吏瀆職罪、侵陵大臣罪、軍事不利罪等。

《蜀科》的民事法律制度包括經濟立法和其他規定。蜀漢法律中最能體現對益州土著豪強限制的，當屬其經濟立法。蜀漢政權鑄大錢、鹽鐵專賣等立法與措施，都直接打擊了益州豪強。其他規定包括禁酒和禁以異姓為後嗣等。

《蜀科》的訴訟法律制度包括司法機關的設置、刑訊制度和「惜赦」思想。在蜀漢，丞相是最高行政長官。重大案件的審理，都須經過丞相審核。蜀漢設大理，主掌審判。還有司隸校尉，負責首都治安及對官員的監察工作；督軍從事，職典刑獄，論法決疑；軍正，是軍中執法的官吏。

除以上所述而外，地方守、令也須負責一地治安、執法。蜀漢刑訊制度比較嚴酷，至於「惜赦」思想，終諸葛亮執政之世，總共下過兩次大赦，都是在皇帝即位時施行的。諸葛亮死後蔣琬、費禕破壞了這一思想，幾乎年年大赦，遭到了孟光等人的批評。

此外，蜀漢還有國際條約。蜀漢的「國際條約」，主要指西元二二九年與東吳簽訂的「漢吳同盟」。

盟約中說：

若有害漢，則吳伐之；若有害吳，則漢伐之。各守分土，無相侵犯。

這其中，其實已經明確訂立了雙方交往的一些原則。而事實上，直到蜀漢滅亡，雙方基本都是遵守盟約的。三國時期比較有代表性的立法成就是《曹魏律》，又名《新律》，《魏律》。

在當時，魏明帝曹叡即位後，三國勢均力敵，曹魏內部統治相對穩定，經濟文化事業有所發展，同時著手進行制定新法律的任務。

這一階段進行的刑制改革，有《新律》十八篇，《州郡令》四十五篇，《尚書官令》、《軍中令》等總計一百八十餘篇，分別作為刑事、民事、軍事、行政等各方面律令法規。其中，《新律》十八篇最為重要，是曹魏時期國家的基本律典，故稱《魏律》。

《魏律》是魏國的一部主要法典，由陳群、劉劭等人於西元二二九年增刪漢律而成。《魏律》是在漢《九章律》的基礎上，改《興律》為《擅興律》，刪除《廄律》，改《具律》為《刑名》並列於全律之首，增加了《劫掠》、《詐偽》、《告劾》、《毀亡》、《系訊》、《斷獄》、《請賕》、《驚事》、《償贓》和《免坐》十篇。

《魏律》對兩漢相沿的舊律進行了一次大改革，主要表現在這樣幾項：增加了篇條，基本上解決了篇少導致的漏罪。

改《具律》為《刑名》，冠於律首，改變了漢律篇章體例不夠合理的狀況；吸收律外的傍章科條，調整、歸納了各篇的內容，使得內容簡約，而且體例通順。

在律中正式規定了維護皇室貴族官僚特權的「八議」條款，這一項規定表明了封建等級原則的進一步法典化。

在刑罰制度方面進行了一些改革，法定刑有死刑、髡刑、完刑、作刑、贖刑、罰金、雜抵罪，並減輕某些刑罰，如廢除投書棄市，限制緣坐的範圍，禁止誣告和私自復仇等。

西晉立法主要是制定了《晉律》。《晉律》以寬簡著稱，是中國古代立法史上由繁入簡的里程碑。《晉律》還是三國兩晉南北朝時期唯一通行於全國的法律，並被東晉和南朝的劉宋、南齊、南梁、南陳等所沿用，是使用時間最長久的一部法典。

《晉律》是晉武帝司馬炎在西元二六七年完成並於次年頒布實施的，但在他的父親司馬昭輔佐魏政期間就開始擬定了。當時司馬昭命羊祜、杜預等人參考漢律、魏律開始編纂，到司馬炎建立西晉後不久完成。

《晉律》因頒行於泰始年間，故又稱《泰始律》。張斐、杜預為《晉律》作註解，經晉武帝批准詔頒天下，注與律文具有同等法律效力，因此該律又被稱為《張杜律》。

《晉律》篇目從十八至二十篇，體例的設置、條文的安排更為合理，用詞也更確切。《晉律》將《魏律》的《刑名》篇分成了《刑名》和《法例》，放在首要位置，完善了《魏律》的刑法總則部分。

《晉律》因應了士族地主和官僚地主的需要，規定了一系列保護他們特權的法律，如專門規定「雜抵罪」的刑罰，即以奪爵、除名、免官來抵罪。

《晉律》第一次將「五服制」引入法典之中，作為判斷是否構成犯罪及衡量罪行輕重的標準，這就是「準五服以制罪」原則。它不僅適用於親屬間相互侵犯、傷害的情形，也用於確定贍養、繼承等民事權利義務關係。

「五服制度」是中國禮治中為死去的親屬服喪的制度。它規定，血緣關係親疏不同的親屬間，服喪的服制不同，據此把親屬分為五等，由親至疏依次是：斬衰、齊衰、大功、小功、緦麻。

「準五服以制罪」在刑法方面的適用原則是：親屬相犯，以卑犯尊者，處罰重於常人，關係越親，處罰越重；若以尊犯卑，則處罰輕於常人，關係越親，處罰越輕。親屬相姦，處罰重於常人，關係越親，處罰越重；親屬相盜，處罰輕於常人，關係越親，處罰越輕。在民事方面，如財產轉讓時有犯，則關係越親，處罰越輕。

《晉律》是中國歷史上第一部儒家化的法典，在中國法律發展史上有著很重要的地位，南北朝乃至隋唐的法律都受到它的影響。

「準五服以制罪」原則的確立，使得儒家的禮儀制度與適用適用法律完全結合在一起，是自漢代開「禮律融合」之先河以來封建法律儒家化的又一次重大發展，它不僅體現了晉律「禮律並重」的特點，也是中國封建法律倫理法特徵的集中表現。

自西晉定律直至明清，「準五服以制罪」一直是封建法律的重要組成部分，並在實踐中不斷的充實與完善。南北朝時期，南朝的各政權基本沿用《晉律》。相對來說，北朝的法律建樹遠遠勝過南朝。《北魏律》和《北齊律》是北朝時期的重要法典。

《北魏律》制定者崔宏、崔浩、高允、劉芳等皆為中原士族。他們根據漢律，參酌魏、晉法律，經過多次編纂，最後在北魏孝文帝時，由律學博士常景等撰成，共二十篇。以後雖續有纂修，但變化不大。

其內容在刑法原則方面有八議、官當、老小殘廢減罪或免罪、公罪與私罪、再犯加重等；在刑名方面有死刑；流刑；宮刑；徒刑（有一歲、二歲、三歲、四歲、五歲之差）；鞭刑（有四十五、五十、六十、八十、一百，凡五等）；杖刑（有一十、三十、五十、一百，凡四等）等；在罪名方面有大不敬、不道、不孝、誣罔、殺人、掠人、盜竊、隱匿戶口，以及官吏貪贓枉法等。

《北魏律》中還第一次出現了「官當」制度。「官當」是封建社會允許官吏以官職爵位折抵徒罪的特權制度。《北魏律》中的「田令」，是以封建國家的名義對土地實行分配和調整，推行均田制度法令。

此令在當時對限制豪強地主兼併土地以及爭取勞動人手、開墾荒地、提高農業生產力，都造成一定作用，對後世影響較大。

《北魏律》特點是「納禮入律」，強調用禮來指導立法活動，要求以法以禮治理國家。它成為唐宋法典的淵源，在中國封建立法史上占有重要的地位。

《北齊律》是北齊取代東魏後，北齊武成帝高湛命人編撰而成，制定者熊安生、邢邵、馬敬德、崔昂等皆為儒家。

《北齊律》創新並確立了「重罪十條」，這是後來「十惡」的起源。《北齊律》以「科條簡要」而著稱，將《晉律》中的《刑名》和《法例》合併為《名例》，放在律典第一篇，篇目由二十篇精簡為十二篇，這也被後來的隋唐所繼承。

在三國兩晉南北朝各代立法活動中，《北齊律》水平最高，所取得的立法成就也最大，堪稱此前歷代立法技術與立法經驗的結晶。在中國古代法律編纂史上，它對後世立法影響極大。

隋朝《開皇律》即以《北齊律》為藍本，唐律又以《開皇律》為依據，而唐律又成為宋元明清各朝的立法基礎，並直接影響到周邊亞洲其他國家法律制度的發展。總之，三國兩晉南北朝時期的立法指導思想進一步儒家化，立法活動頻繁。

各封建政權極為重視立法，在繼承秦漢法律傳統文化的同時，積極進行改革和創新，推動了法律儒家化的進一步發展，法律形式規範，法典體制科學合理，法令明審簡要，為隋唐法制的成熟和完備奠定了基礎。

閱讀連結

曹操曾經頒布租調令，以發展經濟，壯大國力，但遭到了霸占大量土地的豪強地主們的不滿，其中就有曹操的堂弟曹洪在長社縣的親信張沖等七家。

曹操聽後，狠狠地批評了曹洪：「國家的法令必須人人遵守。身為國家重臣，更不能縱容自己的親信知法犯法。你是我的堂弟，更應該帶頭執行法令。念你跟隨我多年征戰，立下汗馬功勞的分上，也就不再追究了。希望你接受此次教訓，以後再也不要犯枉法之錯。」

聽後曹洪心服口服。

隋朝法律儒家化日漸深化

■隋朝開國皇帝隋文帝楊堅畫像

西元五八一年，隋文帝楊堅受禪於北周靜帝建立隋朝，隋朝是中國歷史之中，上承南北朝、下啟唐朝的一個重要的朝代。

隋朝接受漢朝以來的「德主刑輔」原則作為立法、司法的指導思想，法律儒家化日漸深化。儒家學說作為法律制定和執行的指導思想，滲透在立法、執法活動之中；同時，凝聚儒學精神的各項制度逐漸定型。

隋朝立法活動中產生的《開皇律》，代表了當時隋朝立法的最高成就，為中國封建法律的定型化做出了重要貢獻，成為了後世的典範。

西元五八一年，隋文帝楊堅建立隋朝，完成了統一。隨後，他命高熲等人參考北齊北周舊律，制定法律。西元五八三年又讓蘇威等人加以修訂，完成了《開皇律》。

在制定和完善《開皇律》的過程中，隋文帝提出了許多富有建設性的意見和建議。他建議，北齊北周舊律的死刑當中，已有絞、斬，完全沒必要另外再設「梟首」、「轘身」等極端慘烈之刑。他還建議將流役六年刑改為五年，徒五年刑改為三年。

針對前朝審判官濫用刑訊、隨意運用拷訊方式導致冤案泛濫的現象，隋文帝對於拷訊的用具、數量、方式等，均作出相應的規定，包括拷訊總數不得超過兩百、杖訊過程中不得更換行杖人等。

隋文帝的指示在《開皇律》得到了體現，刑罰不再像南北朝時那麼殘酷，已經明顯的儒家化了。但其中的嚴刑止奸導致一些被誘惑犯罪、被誣陷的案件發生，而且還導致輕罪重罰現象。

針對這些，後來的隋煬帝採取了一些重德治、寬刑罰的措施。總體來說，封建王朝的法都是在維護自身統治利益的前提下建立的。

《開皇律》共計十二篇，五百條。其篇目和內容是：《名例律》是制罪名和量刑的通例；《衛禁律》是關於保護皇帝和國家安全方面內容；《戶婚律》是關於戶籍、賦稅、家庭和婚姻的法律；《廄庫律》是照養公、私牲畜的規定；《擅興律》是保護皇帝對軍隊的絕對控制權的法律；《賊盜律》是指包括十惡在內的犯罪以及殺人罪的法律；《斗訟律》包含了鬥毆和訴訟的律條；《詐偽律》是對欺詐和偽造的律條；《捕亡律》是有關追捕逃犯逃兵等方面的內容；《斷獄律》是審訊、判決、執行和監獄方面的內容；《雜律》歸類了不適合其他篇目的內容。此外還制定了一些有利於平民的訴訟程序，如百姓有冤情，可逐級上告，甚至直到朝廷。

《開皇律》體例主要仿照《北齊律》，但按照當時的需要，對涉及實體法部分的篇目重新排序：

一是修改了《北齊律》的部分篇名，將《禁衛律》改為《衛禁律》，《婚戶律》改為《戶婚律》，《違制律》改為《職制律》，《廄牧律》改為《廄庫律》，從而突出了法律調整和保護的對象。

二是刪降《毀損律》，把《捕斷律》分為《捕亡》和《斷獄》二篇，並置於律典的最後部分，使程序法與實體法有所區別。

三是按照封建統治的需要，對涉及實體法部分的篇目重新排序。

中國古代刑法典的篇目體例，經過從簡到繁、再從繁到簡的發展過程。透過對《北齊律》的修改，《開皇律》設計出十二篇，標誌著這一過程的完成，顯示了中國古代立法技術的進步和成熟。這種十二篇的體例，後來被唐律所沿用。

《開皇律》的刑罰制度在中國整個刑罰制度發展史上可謂簡明寬平。主要表現在以下幾點：

第一，與《北齊律》相比，《開皇律》刪去死罪八十一條，流罪一百五十四條，徒、杖罪一千餘條。比《北齊律》的條數又減少近一半。

第二，《開皇律》的死刑種類只留斬、絞兩種，廢除了至北齊後期仍然存在的車裂、梟首等慘無人道的死刑種類。

第三，《開皇律》進一步廢除了前代的酷刑如宮刑、鞭刑等，改以笞、杖、徒、流、死五刑為基本的刑罰手段。

第四，《開皇律》在繼承北朝刑罰體系的基礎上，對流刑的距離、徒刑的年限及附加刑的數額均作了減輕的規定。

第五，《開皇律》中首次正式確立了輕重有序、規範而完備的「封建制五刑體系」，即死刑、流刑、徒刑、杖刑、笞刑。

可見《開皇律》對百姓的壓迫，比前代有所減輕。這種刑罰體系與殘酷的奴隸制時期割裂肌膚、殘害肢體的刑罰相比是一種歷史性的進步，順應了中國古代刑罰從野蠻走向文明的發展趨勢。封建制五刑一直為後世歷代封建王朝所繼承，成為封建法典中的一項基本制度。

《開皇律》改《北齊律》「重罪十條」為「十惡之條」，使之成為鎮壓被剝削者的法律依據。

「十惡」是指謀反、謀大逆、謀叛、惡逆、不道、大不敬、不孝、不睦、不義、內亂十種最嚴重的犯罪行為。它直接危害封建皇權、違犯封建禮教，被視為是封建法律的首要打擊對象。

《開皇律》將反逆、大逆、叛、降改為謀反、謀大逆、謀叛，強調將此類犯罪扼殺於謀劃階段；又增加了「不睦」一罪，使十種罪名定型化，並正式以「十惡」概稱。

自從《開皇律》創設「十惡」制度以後，歷代封建王朝均予以承襲，將其作為封建法典中的一項重要的核心內容，成為有效維護封建統治的有力武器。

「十惡」制度從隋初確立到清末修訂《大清新刑律》時正式廢除，在中國歷史上存在了一千三百餘年，對中國封建社會的長期延續起了不可低估的作用。

《開皇律》還透過「議、減、贖、當」制度，為有罪的貴族、官僚提供了一系列的法律特權。

「議」是指「八議」，即對親、故、賢、能、功、貴、勤、賓八種人犯罪，必須按特別審判程序認定，並依法減免處罰。

（親：皇帝的親屬。故：皇帝的故舊。賢：德行高尚，其言論行動可作為法則者。能：能整頓軍旅，治理內政，為皇帝出謀劃策，師範人倫者。功：對朝廷盡忠效力，建立大功勳的人。貴：三品以上高級官員及有一品爵位的人。勤：高級文武官員中恪盡職守，專心致志辦理公務的人。賓：前朝國君的後裔。）

「減」是對「八議」人員和七品以上官員犯罪，比照常人減罪一等。

「贖」是指九品以上官員犯罪，允許以銅贖罪，每等刑罰有固定的贖銅數額。

「當」是「官當」，官員犯罪至徒刑、流刑者，可以「以官當徒」或「以官當流」，就是以官品折抵徒、流刑罰。

《開皇律》的「議、減、贖、當」制度，是融匯了魏、晉的「八議」、南北朝的「官當」、「聽贖」制度，再加上自己所創設的「例減」之制而成的。這些規定賦予貴族、官員更廣泛的法律特權，使之得到系統而穩定的司法保障；同時也使貴族、官員享有的法律特權固定化、合法化。制定了法律就要確保執行，所以隋朝同樣建立了相應的司法制度。

隋朝中央司法機構以大理寺為最高審判機關，御史臺主監察之職，都官省為最高司法行政機關。一般由專司監察職責和法律監督職責的御史對於違法犯罪的各級官吏進行糾舉。

地方司法機構仍由州、縣行政機關兼理司法審判，同時設立一些司法佐吏與戶曹參軍、法曹參軍等。在實施監察、糾舉的監察官之外，地方行政長官對於管轄範圍內的所有官民犯罪行為，承擔監管和提起訴訟的責任。

地方各類訴訟案件，當事人可以直接向官府提起訴訟。首先向州、縣基層司法機構提起。在地方機構不受理的情況下，可逐級向上級機構提起，直到京城向中央司法機構和向皇帝提起。

各級司法機關在受理訴訟案件時，可採實施拷訊的方式，但有嚴格的規定。

隋朝規定了嚴格的死刑判決審核程序。死刑案件，人命關天，必須實施最嚴格的判決審核程序。死刑案件判決後，須報中央司法機關大理寺覆核，並最終由皇帝親自批准後方可執行。

西元五九二年，隋文帝發布詔令，所有死刑案件均報請大理寺覆核，並由都官省上奏皇帝批准。西元五九五年，又進一步嚴格程序，對於死刑案件的執行，必須上奏皇帝三次方可為之。

為了使法律得以有效貫徹和實施，隋文帝整頓吏治，任用了一批執掌司法審判和監察的官吏，要求他們在審斷案件時以法律規定為依據。

這些嚴格執法的官吏，秉公辦事，甚至能夠針對皇帝的錯誤意見據理力爭，如趙綽、柳彧等。

對那些官吏玩忽職守、越規違法甚至收受賄賂的執法人員，隋文帝採納法家「重刑治吏、嚴刑止奸」原則，派人專門暗訪、巡查，一旦發現官吏收受賄賂，不論情節如何、數額多少，一律處斬刑。

為了打擊包括強盜、搶劫等財產犯罪，隋文帝鼓勵民眾告發財產犯罪，並規定對於告發之人，將賞給所沒收的罪犯家庭財產。隋文帝為隋唐時期封建法律的成熟化做出了貢獻。

閱讀連結

隋文帝主張執法應該不論貴賤，一視同仁。他的兒子秦王楊俊背著他在外面建造了一座華麗的宮室，他知道後不但撤了兒子的職，還把他關了起來。

這時，很多大臣都來為楊俊求情，都說秦王是皇子，應該享有一些特殊權益，但現在被關押起來，這樣的處理過重了。

隋文帝卻說：「我是一國之君，不只是幾個孩子的父親。所以我只能按照刑律辦事。照你們所說，難道要大理寺為皇子們再制定另一種刑律嗎？」

大臣們聽了，都覺得皇上當真是公正無私。

唐朝空前完備的法律體系

■唐太宗李世民畫像

唐朝建立了一套獨特而完備的封建法律體系，包括立法指導思想，立法體系和司法體系。唐朝法制指導思想重德重禮，以政教之本，刑罰為輔，立法技術達到空前的完善，司法方面也有長足進展。

唐朝空前完備的法律體系對唐朝的繁榮發展具有重大意義，也對亞洲許多國家產生過顯著的影響。

李世民是中國歷史上開明的皇帝，他以隋代統治者驕奢淫逸、殘酷無道，終於在農民起義軍的打擊下，迅速亡國的教訓為鑑，由長孫無忌、房玄齡、杜如晦、魏徵等重臣輔佐，勵精圖治，推行了一整套比較開明的政策，使其統治的唐代出現了貞觀盛世的繁榮局面。

唐初統治集團深知人心向背的重要，提出了「安人寧國」的治國方針。以唐太宗為首的封建統治集團正是在這一方針指引下，確立了唐朝「德禮為本，刑罰為用」的立法指導思想。

唐朝承用隋朝的法律形式，主要有律、令、格、式四種：律是當代法典，規定罪名和刑罰；令是皇帝的命令，關於國家政治及社會生活貴賤等級等重要制度；格乃經整理的皇帝的制敕，規定官吏的辦事規則，具有法規彙編性質；式是官署通用的的辦事細則和公文程序。

對律、令、格、式的關係，綜上可見，令、格、式是從積極方面規定國家機關和官民人等應當遵行的制度、準則和規範，律則是從消極方面規定違反令、格、式以及其他一切犯罪的刑罰制裁。四者明確區分，協調應用，這是初唐立法技術的高度成就，也是力求審慎處理刑獄和法制合一的顯著反映。

唐朝的立法活動前期以修律為主，後期主要是編敕與制頒刑律統類。先後制定了《武德律》、《貞觀律》、《唐律疏議》、《大中刑律統類》、《開元律》及《開元律疏》，還有《大中刑律統類》。它們被統稱為「唐律」。

《武德律》由唐初裴寂、侍中劉文靜等在隋《開皇律》的基礎上進行增刪，除其苛細五十三條，附上新頒布的「五十三條格」，並於西元六二四年頒行。共十二篇， 五百條。

《貞觀律》是長孫無忌和房玄齡以隋朝《開皇律》為基礎，對《武德律》作了較大的修改，並採用魏徵所建議的仁恩原則。主要有：增設加役流作為死罪的減刑；區分兩類反逆罪，縮小緣坐處死的範圍；確定了五刑、十惡、八議、請、減、贖，以及類推、斷罪失出入、死刑三覆奏、五覆奏等斷罪量刑的主要原則。

《唐律疏議》又稱《永徽律》、《律疏》。唐高宗永徽年間由太尉長孫無忌等修。當時為了在全國統一標準，長孫無忌等奉命對《唐律疏議》的律條和律注逐條逐句進行解說，由此，《永徽律》與其註疏合稱《永徽律疏》，即現今《唐律疏議》。並對司法中可能發生疑難的問題，自設問答，最後完成三十卷，共計十二篇五百〇二條，經唐高宗批准頒行。

《開元律》及《開元律疏》為西元七三四年唐玄宗下令命李林甫等人主持修訂《永徽律疏》，刪除不合時宜的條款與稱謂，完成《開元律》十二卷，《開元律疏》三十卷，令、格、式等也有所刊定。

《大中刑律統類》是唐宣宗時由左衛率府倉曹參軍張戣編成。張戣將刑律分類為門，附以有關的格、敕、令、式，編成《大中刑律統類》十二卷奏上，唐宣宗詔令刑部頒行。

此法在法典編纂上是一種新的形式，對於五代和宋朝的立法技術有重大影響。

唐律內容涉及刑事、民事、經濟方面的內容。在刑事方面，主要罪名有危及封建國家政權、有損皇帝尊嚴罪，如謀反、謀大逆、謀叛、大不敬、造妖書妖言等罪，有悖逆封建家庭倫常罪，如不孝、不睦、不義等，有官吏失職、瀆職、擅權、貪贓等犯罪，如擅離職守、洩漏機密、以權謀私、貪贓枉法等。此外還有觸犯封建國家安全和經濟利益罪，危害公眾、妨礙城市和市場管理罪，侵犯人身罪，侵奪財產罪等。

唐朝刑罰制度主要是五刑，即笞刑、杖刑、徒刑、流刑、死刑，共二十等。除「十惡」等一些嚴重的犯罪外，在許多情況下，可以用銅來贖五刑。

在民事方面，唐律涉及所有權、契約關係、家庭與婚姻及繼承方面的內容。唐律在私有土地面積的限制，遺失物、埋藏物的歸屬，山林、礦產的所有權等方面作了相關規定。唐律對民間契約如買賣契約、借貸契約和租賃契約等關係，以守信為原則作了規定。

唐律在家庭與婚姻的律令比較詳細。唐律確保尊長對卑幼的權威，確保妻「伏」於夫。唐律令在婚姻的成立與解除方面的規定也體現了這一原則。

在經濟方面，唐律對專賣及對外貿易作了相關規定。專賣法主要是關於鹽、茶、酒的各項規定。對外貿易制定了互市和市舶制度。

唐朝的司法制度同樣也很完備，並具有自己的特色。唐朝司法機關分為中央和地方兩套系統，是自商鞅變法之後傳承下來的傳統。

在這兩套司法體系中，中央司法系統居於主導地位，皇帝集司法、行政、監察、軍事大權於一身；地方司法機關雖有一定的自治權，但很有限。這充分體現了唐朝進一步發展的專制主義中央集權制。

唐朝制定了官吏監察制度。隋初依漢魏之舊，中央設御史臺，以御史大夫為長官。唐承隋制而有所調整。中央仍設御史臺，御史大夫為長，御史、中丞兩人為副，掌持全國刑憲典章。

御史臺設臺院、殿院、察院鼎三而立，分別由侍御史、殿中侍御史、監察御史若干人組成。

臺院的侍御史在諸御史中地位較高。其職責是糾察百官，彈劾違法失職者，並負責或參與皇帝交審的案件。殿院的殿中侍御史掌糾察朝儀及其他大朝會等。察院的監察御史品級較低，但職掌廣泛，權限不輕。主要是監察地方官吏。

唐朝的訴訟制度，主要規定於唐律《鬥訟》篇之中。告、訴都有嚴格程序，必須由下而上，從縣、州到中央依法定程序上訴，不許越級上訴。越訴及受理越訴者各笞四十。應受理而不受理者笞五十。

有嚴重冤案被壓抑不能申訴者，可以向皇帝直接提出告訴;有關主管官員不即刻受理者，加罪一等;如若告訴不實者，杖八十；衝撞皇帝儀仗隊申訴者，杖六十。

為了防止濫訴，嚴懲誣告，唐律規定，凡是自己不能確定是否實有其事者笞五十。替人寫訴狀控告別人犯罪，增添情節，與所告事實不符，也笞五十，以示負責。嚴禁以匿名的方式告人罪，違者，流放兩千里。誣告人者各反坐（把被誣告的罪名所應得的刑罰加在誣告人身上）。

除謀反、謀大逆、謀叛罪外，告祖父母、父母者，處絞刑。告親尊長及至親者，即使確有實情，也要處徒刑兩年。屬下、奴婢告主者，處絞刑。

被囚禁的犯人，除知有謀反、謀大逆、謀叛罪，以及被獄官虐待可以告發外，不得告發其他的事。年八十歲以上，十歲以下及重病者，除了有重大問題如謀反、謀大逆、謀叛、子孫不孝等可以提告外，其餘不得提告。

唐朝的審判制度，主要規定於唐律《斷獄》篇之中。

司法官在審訊中，首先必須弄清案情，仔細考察被審訊對象的言詞、表情和陳述的理由，反覆進行比較、考核、驗證，瞭解有關事實。必須實事求是，既不許把無罪斷成有罪，輕罪斷成重罪；也不許把有罪判為無罪，重罪判為輕罪。

司法官必須嚴格依據律、令、格、式的正文斷罪，對於皇帝臨時就某人某事而發布的「敕」，凡是未經編入永格者，不得引用作為「後比」，如果任意引用而致斷罪有出入者，事屬故意，以故意出入人罪論處；事屬過失，以過失出入人罪論處。

為了防止司法官專橫，濫用「拷訊」，對此規定了若干限制。如拷囚不得超過三次，總數不得超過杖兩百；拷滿兩百仍不招認者，取保暫放。違法拷訊而致人死者，有關官吏徒兩年。對有瘡、有病的人犯進行拷訊者，處笞、杖刑，因而致人於死者，徒一年半。

此外，依法應議、請、減者，以及老小疾病者，不得拷訊。孕婦犯罪應拷訊者，須等產後一百日再拷，違者分別處杖、徒刑。

唐律還嚴格規定了上訴覆審及死刑覆奏程序。案件審理完畢，凡是判處級別在徒刑以上的人犯，應對囚犯本人及其家屬宣告判決的具體罪名，允許對是否服罪及判決提意見。如果不服，應認真進行覆審，違者，司法官笞五十。

唐律對死刑的執行規定了非常慎重的程序，死刑判決必須奏報皇帝，經皇帝核准後等候執行死刑的犯人稱死罪囚。對死罪囚執行死刑，還要三次奏報，得皇帝許可，否則才可執行。

唐朝監獄的設置和管理，較前都更趨完善。中央設有大理寺獄，關押皇帝敕令逮捕和朝廷犯罪的官吏。在京師，設有京兆府獄和河南獄，關押京師地區的罪犯。在地方，各州縣都設有監獄，囚禁當地犯人。各監獄均設專職的掌獄官，負責監獄管理。

總之，唐朝繼承、發展以往禮法並用的統治方法和立法經驗，使法律真正實現了禮與法的統一。把封建倫理道德的精神力量與國家法律統治力量緊密融合在一起，法的強制力加強了禮的束縛作用，禮的約束力增強了法的威懾力量，從而構築了嚴密的統治法網，有力地維護了唐朝的封建統治。

唐朝立法充分吸取前代經驗，立法技術相當完善。律、令、格、式四種法律形式有分工、有關聯，並行不悖，相得益彰。唐律用語精練明確。

唐律還進一步明確公罪、私罪、故意、過失的概念，並規定了恰當的量刑標準。由此可見，唐律體現了立法技術上的高度成就。

閱讀連結

唐太宗李世民曾下令，凡官員偽造資歷，限期自首，否則處死。後來有偽造資歷的官員在期限內沒有自首，被考核官查知後上報皇帝。唐太宗怒令斬首。

當時的大理少卿戴胄忠認為，這種情況依法應該判流刑，但唐太宗說：「我已經命令斬首了，難道我說的話不算嗎？」

戴胄忠說：「陛下命令斬首，不過一時之怒。法律卻是經過縝密研究後頒布天下的準則，為人民所共守。陛下應忍小忿而存大信。」

李世民稱讚說：「你執法如此嚴正，我還有什麼憂慮！」

近古時期 遭時定制

從五代十國至元朝是中國歷史上的近古時期。這一時期的立法均以唐律為藍本，唐律條文相延有效，並根據不斷變化的形勢，頒發了大量的條格敕令作為補充。

在立法指導思想上，五代十國時期的大動盪，使得封建法制被破壞殆盡，因而每個王朝都試圖透過嚴刑峻法來維持其統治。

宋朝法律儒道兼用，並在經濟法建設方面成果顯著。至於遼夏金元等，其因俗立法與司法實踐，則體現出明顯的民族特點。

五代時的刑法與考課

■後梁太祖朱溫畫像

五代時期變亂頻繁，局勢動盪，各種社會問題層出不窮。時勢的變化，導致五代的刑事法律制度也隨之發生較大的變化並呈現出自己的一些特點。五代時期的法制情況主要是刑法立法和考課制度。中原五代法制基本行用唐朝的律令格式，但因各朝又都有新編附益，使得法規律令各有不同。

中原五代統治者大都採取嚴刑峻法的手段來維持社會秩序。因此立法森嚴，酷刑氾濫，司法黑暗，成為這一時期法律的顯著特點。

五代之制沿襲唐朝，考課制度亦不例外，但由於時代不同，遂產生了許多變化。

五代是指後梁、後唐、後晉、後漢和後周五個依次更替的中原朝廷。

五代時期，由於軍閥混戰，政治局面動盪不安，使得統治者對刑罰鎮壓功能頗為倚重。因此，立法指導思想是制定嚴刑峻法，加強統治，比如部分已被廢除的肉刑在這時期復活了，使刑罰變得空前酷烈。

五代時期法律形式，最主要的成就體現在兩個方面，一是刑統的完善，二是「編敕」的確立。前者就是刑事法規的彙編兼註解；後者是指將一個個單行的敕令整理成冊，提升為一般法律的層級。

刑統是五代時期最主要的法律形式。這一時期的刑統是在唐朝律文的基礎上，附以唐高宗以後各朝頒布的敕令格式，加以分門別類彙編而成。

這一法律形式與「律」相比，具有注重實用，便於隨時增補、靈活援用等特點，既是對唐刑統的發展，也成為五代時期最主要的法律形式，並被後來的宋朝所繼承。

法律形式的另一發展為「編敕」。在五代時期編敕只是有關於敕令的彙編，還沒有形成嚴格的體例，直到宋朝才開始按律十二篇的體例進行編敕，使編敕進一步成為一種法典的編纂形式。

五代十國時期的立法情況，主要反映在五代所確立的法規方面。因這五個封建王朝的統治時間都不長，斷獄決訟，主要還是沿用唐律。

其中後漢統治不到四年，和中原地區之外的十個割據政權一樣一直處於戰亂狀態，顧不上編撰法規，史書未見有這方面的記載。其餘的後梁、後唐、後晉和後周皆頒布過新的法規。

後梁的立法全力消除唐朝法制的影響。後梁的統治者曾下令將唐朝的法律全部焚燬。在法典形式上，後梁也不願與唐朝的法律形式相同而主要採用「刑律統類」與「格後敕」的形式。

後梁法規主要有《大梁新定格式律令》。據《舊五代史 · 刑法志》記載，西元九〇九年，梁太祖朱溫詔太常卿李燕、御史蕭頃、中書舍人張兗、戶部侍郎崔沂、大理寺卿王鄯、刑部郎中崔誥，共同刪定律、令、格、式，歷時一年完成。

《大梁新定格式律令》計令三十卷，式二十卷，格十一卷，律並目錄十三卷，律疏三十卷。新定的格式律令頒布後，梁太祖即下詔，要求各級吏員「切務遵行」。

後唐法規主要有《同光刑律統類》、《天成格》和《清泰編敕》。李存勖滅梁建立後唐，自稱唐朝中興，廢《大梁新定格式律令》，仍沿用唐朝法規。

西元九二五年，後唐刑部尚書盧價奏修訂完成《同光刑律統類》十三卷。《集同光刑律統類》以刑統為法律形式，對《宋刑統》有較大影響。

《天成格》是後唐明宗時制定的新格。《宋史 · 藝文志》載有《天成長定格》一卷，《崇文總目》二卷載有《後唐長定格》三卷。《清泰編敕》是西元九三五年由御史中丞盧損等將以前的制敕編纂而成，共三十卷。

後晉的石敬瑭勾結契丹貴族滅後唐稱帝，建立後晉，初期沿用唐律，後來於西元九三八年命左諫議大夫薛融等編撰制敕，第二年完成，叫做《天福編敕》，共三十一卷，與格式參用。

後周法規主要是《大周刑統》，即《顯德刑統》，這是五代十國時期制定的一部最重要、最完善的法典。

《大周刑統》是以律為主，把相關的敕、令、格、式等進行彙編，然後再進行分類，所編成的一部綜合性刑事法規。由於五代時期皇帝臨時制法頻繁，敕的數量增多，地位提高。最終形成了以律為主，將敕、令、格、式彙集在一起，成為刑統這種新的法典編制形式。

《大周刑統》在制定上，對律文容易了解的，將律的《疏議》省略；對律文的主要意義難以理解的，用《唐律疏議》加以解釋。同時將與律文相近的令、式、格、敕，依次編於律後。

周世宗柴榮深知亂世用重刑的道理，對貪財或濫殺俘虜的大臣，絕不姑息，經常毫不留情地處死。但在《大周刑統》中，周世宗建議將五代時期以嚴酷出名的法律進行了徹底修訂，廢除了隨意處死的條款，廢除了凌遲一類的酷刑。還對五代相沿的律、令、格、敕進行刪節、註釋和評議，頒行全國。

《大周刑統》直接受唐朝宣宗時期頒布的《大中刑律統類》的影響，它的出現，在中國法律史上是一大變革。它對於後來的《宋刑統》有著直接的影響，為宋代法律名稱的變化奠定了基礎。

五代時期還增設了罪名，加重了量刑。一是五代時期加重對官吏貪贓犯罪的處罰，除後周外，都將「官典犯贓」作為常赦所不免的犯罪；二是加強對僧尼、道士違法擅自剃度他人的行為進行處罰，這主要是因為當時僧尼、道士在法律上享有免除賦稅的特權，為了維護國家課役制度的穩定，加重對此類行為的處罰；三是對廄庫管理、盜罪的處罰亦加重，對官吏違反審判制度的犯罪的處罰也更加嚴厲。

五代的民事法制漸趨完備。在契約制度上，五代時期對不同契約在格式、體例及內容諸方面有一些共同的要求，如契約中包含訂立契約雙方當事人的姓名，訂立契約的原因，契約的具體內容，雙方的責任，訂立契約的人與見證人均要畫押等；在繼承制度上，對死者財物的繼承作了進一步的規定。

五代沿用唐制，中央司法機關仍為大理寺、刑部、御史臺，分別為中央最高審判、覆核與監察機關。地方司法機關仍與行政合一。

由於藩鎮割據，軍閥當政，司法審判權落入軍人之手，軍人可以隨意委任自己屬意的司法審判官，司法狀況極為黑暗。

五代時期要求訴訟的提起須經法定的程序，嚴禁越訴。規定只有農閒時節才能受理民事訴訟，避免因民事訴訟而影響農業生產。在案件的審理過程中，刑訊仍是主要取證手段。

此時出現了由和凝父子共同編寫的《疑獄集》，收錄了大量古代偵查、斷案的事例，記錄了較為典型的偵查、斷案技巧。

五代時期還設置了為監犯治病的醫院（病囚院），這在中國古代獄政史上具有重要意義，是中國獄政逐步走向文明的表現。但是這些措施在當時並未得到真正的貫徹和實施，直到宋真宗時才有病囚院，醫治持杖劫賊、徒、流以上病囚，其他病囚得以保外就醫。

五代時期的政治動盪，藩鎮林立，改朝換代頻繁，故考課制度在執行上產生了不同於其他時代的一些特點。

五代官員考課通常每年進行一次，稱為小考，三四年舉行一次大考。小考考核一年政績之優劣，大考則對其本人任期內的政績做出綜合性鑑定，作為是否獎懲升遷的依據。

每年對官員考課一次，稱為一考，對不同等級的官員每個任期都規定有相應的考數，稱之為考限。考限的相關規定，實際上是針對當時官多闕少的矛盾，而對官員任期時間的一種限定。

五代時期每年考課時，要求諸司、各地均要上報官員的考帳，並且要按照一定的格式上報。考課結束以後，要將所確定的考課等級，由尚書省以考牒的形式下發給所在部門或地方官府，作為官員參加銓選或升遷的依據。

歷代對考課官員進行的目的，當然是澄清吏治，獎勤罰貪，這是不言而喻的，五代時期也不例外。為達到這個目的，各朝也頒布了一些賞罰措施，比如對地方官員進行獎罰時，多採取進考或降考等的辦法。

五代時期雖然制定了考課制度，但各朝大多沒有認真執行。但從新舊《五代史》列傳所記載的情況看，因為考優而得以升遷者還是大有人在的。如孫彥韜，汴州浚儀人，年少時以勇力應募從軍。曾在後梁、後唐兩朝歷任將校及州刺史，以考課見稱，就加檢校司空，後歷密、沂、濮三州刺史，累官至檢校太保。

閱讀連結

《資治通鑑》裡記載了朱溫「執法必嚴，違法必究」的一個故事：一次，朱溫愛將寇彥卿入朝，在天津橋上被一老人無意阻擋，寇彥卿令侍從將老人推落橋下摔死。

這件事被御史府司憲即執法官崔沂彈劾後，朱溫即將寇彥卿貶官。寇彥卿因此對崔沂懷恨在心，宣稱如果誰能把崔沂除掉，就重重有賞。

朱溫知道此事後，嚴厲警告寇彥卿：「崔沂有毫髮傷，我一定誅你九族！」

當時立國之初，功臣驕橫；此事後，上下無不肅然。

宋朝立法是儒道兼用

■宋太祖畫像

西元九六〇年，趙匡胤發動陳橋兵變，奪取後周政權，建立了宋朝。宋太祖趙匡胤為了鞏固統一，維護封建秩序，開始了一系列立法活動。以加強專制主義中央集權，防止割據分裂為立法指導思想，崇文抑武，儒道兼用，大度兼容，強調慎法，實施輕刑。

同時，宋朝調整經濟的法律法規，在中國經濟立法史上形成了較完備的經濟法律體系，使宋朝成為中國古代民商事及經濟立法最為活躍的朝代，對商人給予了較往常更多的尊重，對後來的經濟法制建設具有重要意義，造成了奠基的作用。

宋太祖趙匡胤結束了五代十國的分裂局面，建立北宋政權。為了鞏固統一，加強中央集權，維護封建秩序，宋太祖在即位後不久，就命工部尚書兼判大理寺事的竇儀等人修訂法律。

竇儀是前朝元老，懂得如何修訂法律。他和蘇曉、奚嶼、張希遜、陳光乂、馮叔向等人，在總結唐朝和後周立法經驗的基礎上，編纂了宋朝第一部刑法典《宋建隆重詳定刑統》，簡稱《宋刑統》，共三十卷。

《宋刑統》修成後，宋太祖於西元九六三年下詔刻版印刷頒行全國，成為中國法制史上第一部刊版印行的封建法典。

《宋刑統》頒布後，歷經宋神宗、宋哲宗、宋高宗幾朝數次修改。但由於它是宋朝開國以來第一部法典，繼承皇位的幾代君主都不敢輕易修改，所以，每次改動都很小。

從法律形式上看，宋朝的敕書應用極為廣泛，經常使用敕書來審理案件，從而使敕逐漸成為一種重要的法律規範。

敕發布多了，時間一長，前後敕有所牴觸，必須進行彙編整理，刪去過時的，保留現有用的，這就是「編敕」。把散敕中一事一例的判例，經過彙編整理提升為具有普遍意義的原則，通行於全國的法律條文。可見，編敕是宋朝立法活動中一項非常重要的法律形式。

宋朝編敕極其頻繁，每逢新皇帝即位，同一皇帝改變年號，都要重新編敕。宋朝皇帝改元多，編敕也就多，以至於到底有多少部編敕，實難統計。

編敕實質上是對《宋刑統》的重大修改。而且，與刑統相比，編敕可以隨時發布，運用起來靈活得多，統治者隨心所欲地透過經常編敕來滿足自己的需要。這就形成了律敕並行，即在保持《宋刑統》固有之法律效力的情況下，提高敕的地位，在審斷案件時加以引用。這是宋朝立法的特點。

宋朝在刑事法方面有盜賊重法、折杖法，以及刺配和凌遲。

為加強中央集權，穩定社會秩序，宋統治者開始對一些重要地區盜賊犯罪論以重法，以嚴懲窩藏盜賊的行為。

隨後，出於京畿地區安全的考慮，將京城開封及諸縣劃為「重法地」，規定凡在「重法地」內犯賊盜罪者，適用比《宋刑統》重的處罰。後來重法地的範圍擴大到一些非重法地。

宋朝首創折杖法。折杖法就是將笞、杖、徒、流等四種刑罰折抵為一定數量的杖刑的刑罰制度，其總體是趨向使刑罰減輕。

在民事法律中，宋朝規定不動產買賣契約成立的四個步驟是：

第一，田產買賣先問親鄰，他們具有先買權。

第二，製作契約，到官府印契，繳納契稅，交易才有效。

第三，契約上寫明標的物的租稅、役錢，並由官府在雙方賦稅簿帳內變更登記，加蓋官印。如果沒有過割賦稅，往後買賣的交易雙方如果發生糾紛爭訟時，即使買受田宅的富豪之家持有契約，官府也不會受理爭訟。

第四，買賣契約達成後，轉移土地的占有，賣主離業，且不允許其租佃該土地，以防止自耕農減少、佃農增多，以致於官府的賦稅收入減少。

宋朝對婚姻家庭與繼承制度也在民事法律中作了規定。

婚姻法規注重妻子的離婚權利，如規定丈夫外出三年不歸，六年不通訊息，准許妻子改嫁或離婚；丈夫因犯罪而離鄉服刑，妻子可以提出離婚；被夫同居親人強姦，或雖未成，妻子也可提出離婚；丈夫令妻為娼者，妻子也可提出離婚等。

另外，法律還擴大強制離婚的範圍，如法律規定，將妻子僱予他人為妻妾者，婚姻關係應解除。

繼承法規中較有特色的是關於養子繼承權的規定。立繼子與命繼子由於收養關係成立的時間不同，意味著其對父母生前所盡的贍養義務不同，在遺產的繼承上便有所不同。

立繼子等同於親子，但繼子如果未盡過贍養義務，就只承擔祭祀任務，也只能繼承遺產總額的三分之一。

對於命繼子，宋朝法律規定，任何人如果死後沒有兒子的，其寡婦或宗族有權為死者設定一名「嗣子」來繼承家產。

在有寡婦的情況下，嗣子可以得到和兒子一樣的繼承地位。但如果死者的配偶也已不在世，這位嗣子是由宗族設定的，那麼這種所謂的「命繼子」的繼承地位要比正常的兒子或嗣子差很多。

宋代法律規定，命繼子在和未嫁的在室女一起繼承遺產時，只能得到遺產的四分之一；命繼子在和歸宗女共同繼承時，先依戶絕法，歸宗女得遺產總額的一半均分，命繼子得總額的三分之一，餘下的部分二分之一仍給命繼子，二分之一沒官；如果命繼子是和出嫁女共同繼承，出嫁女和命繼子均分遺產總額的三分之二，餘下的三分之一沒官。

在經濟法方面，宋朝對鹽、茶、酒等產品的控制較為嚴格。宋朝池鹽生產為官營，有「官辦官賣」和「通商」兩種形式。海鹽生產多為民營，其運銷多為官運官銷。

宋朝制定的榷茶法加強了對茶葉生產與經銷的控制，為國家增加了賦稅財政收入，在一定程度上保證了軍馬等軍需物資的供給，同時也具有加重對生產者、消費者和茶商的變相掠奪。

對於酒的控制，法律規定酒麴一律由官府製造，釀酒者必須向官府購買，嚴禁民間私造，凡民間私自造麴釀酒，或超出規定地區的釀酒銷售都要處以刑罰。

宋朝在北方邊鎮設置榷場，作為官辦貿易的場所，與遼金西夏進行互市貿易，一方面是為了透過物資交流，獲取經濟利益，另一方面則可以控制重要物資的外流。

宋朝的市舶法也稱市舶條法或海舶法等，據有學者考證其為世界上最早的成文外貿法規。主要包括對外貿易主體規定、商船出入境管理規定、行外貿許可證管理制度、針對進口貨物的管理規定。此外，宋朝還對貨幣金融和財政稅收予以立法調整。

總之，宋朝經濟立法較為完備，為宋朝經濟社會發展做出較大貢獻，其中諸多經驗教訓值得我們去進一步歸納總結。

宋朝的司法制度是，中央仍設大理寺，掌管中央司法審判大權，負責審理地方上報的刑事案件以及京師與中央百官犯罪案件。同時也參與皇帝直接交辦的重大刑事案件，與刑部和御史臺共同審理，並上報皇帝批准執行。

刑部是尚書省六部之一，掌管全國刑獄政令，覆核大理寺詳斷的全國死刑案件，以及官員犯罪除免、經赦敘用、定奪昭雪等事。

御史臺是宋朝中央監察機關，也具有部分司法審判職能。御史臺的主要官員大都參與司法審判，主要是處理命官犯罪大案、司法官受賄案、地方官府不能決斷的疑難案件以及地方重大案件等。

宋初為強化對中央司法機關的控制，在皇宮中另立審刑院，這是當時中央司法機構最突出的變化之一。凡須奏報皇帝的各種案件，經大理寺斷讞後，報審刑院覆核，由知院事和詳議官擬出定案文稿，經中書省奏報皇帝論決。

審刑院權勢顯耀過於大理寺和刑部，其職掌原均屬於大理寺和刑部，是宋初加強中央集權的產物。審刑院存在時間約九十年，神宗時被裁撤後，其職權復歸大理寺與刑部。

此外，宋初還增設制勘院和推勘院等臨時性審判機構，負責審理皇帝交辦的案件。

在司法審判制度上，宋朝建立了「鞫讞分司」制和「翻異別勘」制度。鞫讞分司就是將「審」與「判」分開，由專職官員負責選擇法律條文，原審官員無權選擇適用法律予以定罪；選擇法律條文的官員是依據原審官員審定的案情與相關證據選擇適用法律，但無權過問審訊。

該制度使二者互相制衡，以免作弊，此即「鞫讞分司」之目的。成為宋朝司法審判制度上的一個進步表現。

宋朝在發生犯人推翻原有口供，且所翻供情節涉及定罪時，採取「翻異別勘」制度，也就是將該案改交另外法官或另一司法機構重新審理，改換法官審理稱之為「別推」，改換司法機關審理，稱為「別移」。

按宋朝法律規定，犯人翻異次數不得過三。故意誣告或稱冤者，查證屬實，罪加一等處罰。這一制度的出現，有助於糾正因刑訊逼供而導致的錯案、假案、冤案。故為宋朝司法審判制度上的又一進步的體現。

宋朝的監察制度沿襲唐制設立中央監察機關御史臺，仍分三院即臺院、殿院、察院，察院的監察御史職責尤為重要。監察御史從曾二任知縣的官員中選任，宰相不得薦舉御史人選，宰相的親故也不得擔任御史職事。御史的任命須經由皇帝批准。御史每月必須奏事一次，是為「月課」。

在御史臺以外，宋朝將唐朝分屬中書、門下兩省的諫官如諫議大夫、司諫、正言等組成專門的諫院，負責對中樞決策、行政措施和官員任免等事提出意見。與御史臺配套，合稱「臺諫」，旨在牽制宰相的權力。

宋朝對地方官員的監察也更加嚴密。設於各路的監司負有監察職責，負責巡按州縣。州級政權的通判官，號稱「監州」，職責即為監察州縣官員，州府文告若無通判共署無法產生效力。

宋朝以法醫檢驗為核心的司法鑑定在中國司法制度史上是獨占鰲頭，不論是檢驗制度還是法醫學，或是證據理論，都對中國後世乃至今日產生了巨大影響。

當時的法醫學家宋慈撰寫的《洗冤集錄》，是他總結以往勘驗經驗，又結合自身勘驗經歷完成的。《洗冤集錄》是世界第一部比較完整的法醫檢驗專著。

閱讀連結

趙匡胤曾經立下了祖訓：凡是大宋的歷代皇帝，在祭祀時都必須要在誓碑前下跪，並默誦碑上的誓言，世世代代，不得違抗。

誓碑上的內容說：「不准殺士大夫上書言事者；即使有謀逆大罪，亦不可株連全族，只可於牢中賜死，不可殺戮於市。不遵此訓者，吾必不佑之！」

果然，世代的大宋皇帝遵守了趙匡胤的誓約，就連後周皇帝柴榮的子孫都得到了很好的照應。

遼夏金法律因俗而治

■西夏建立者李元昊塑像

遼西夏金時期是中國歷史上繼魏晉南北朝以後又一個分裂時期，同時也是一個各民族大融合的時期。在這一時期，北方少數民族及其建立的政權在法律制度上的學習、吸收、發展貫穿始終，法律文化的交流和融合從未中斷，特別是少數民族政權對內地漢族傳統與當時統治經驗、法律制度、法律觀念的學習和效仿，創建出了適合自己的法治制度。

在時戰時和、相互對峙的局面下，遼、西夏、金三朝因俗而治的法律制度，更能反映當時的各民族特點。

遼朝是契丹族人耶律阿保機建立的政權。遼的法律，因俗而治，各地不同。遼太祖耶律阿保機建國後，於西元九二一年下令定律令，開始了遼的法制進程。不久，編成《決獄法》，成為契丹最早的一部基本法典。

隨著遼政權的不斷鞏固，其法制建設的步伐也不斷加大，遼聖宗、遼興宗兩朝，大規模翻譯唐、宋法典、制度，改革契丹法律法規，於西元一〇三六年編成《重熙條制》，共五百四十七條。

這是遼重要的成文法典，在參照漢族相關規定的情況下，重點在解決原先《決獄法》背景下契丹人與漢人所適用法律不均等矛盾。

此後，為了能夠進一步統一對契丹和漢族的規定，道宗開始又對《重熙條制》進行大規模修改，於西元一〇七〇年編成《咸雍重修條制》，共七百八十九條，適用於其統治區域內的漢族人和契丹人，標誌著遼法漢化進程的完成。但由於新法典比較複雜、繁瑣，使用不便，不久，統治者又下令「復行舊法」，繼續使用《重熙條制》。

從第一部法律《決獄法》到《重熙條制》的制定、修改和被重新使用可以看出，遼的立法過程一方面是契丹民族習慣法與漢族法律制度不斷融合、不斷吸收漢族先進法律傳統的過程；另一方面，又是民族之間由「因俗而治」直至最後契丹人與漢人以及其他民族統一適用《咸雍重修條制》等的過程，法律逐步走向統一。

遼的罪名從最初的謀叛、盜竊等逐漸增多，分布逐漸合理。遼的刑罰有四種，杖刑、徒刑、流刑、死刑。遼法制的最重要特點是大量吸收唐宋法律，又保留大量契丹習慣。

遼在建國前，主要依靠部落中的長老處理司法事務。西元九二〇年遼太祖設「夷離畢」一職，專門負責司法。後又擴大為「夷離畢院」，內設夷離畢、左右夷離畢、知左右夷離畢等，性質相當於刑部，分掌部族法令、刑獄等。

西夏在崇宗李乾順時就已有了稱作「律令」的法典。此後陸續頒布的法律方面文獻就有《天盛律令》、《新法》、《光定年新法》等。其中篇幅最長、內容最詳細、保存最好的是《天盛律令》。

《天盛律令》是一部包括刑法、民法、行政法、經濟法、軍事法、訴訟法等各部門法「諸法合體」的綜合性法典。其吸收了唐、宋王朝法典中維護封建專制統治的「十惡」、「八議」、「五刑」的基本內容，更主要的是吸收《宋刑統》的內容。

《天盛律令》還結合西夏社會的具體情況增設許多唐、宋律中所沒有的條文，比唐、宋律規定更加詳盡，更加充實。特別是有關牲畜管理、軍事制度、行政機構的設立及管理體制等內容比較突出，反映了西夏的民族特點。

《頒律表》中明確指出舊律有「不明疑凝」處，因此要加以修訂。可知西夏此次修訂律令是為了使律令更加明晰，便於貫徹實行。

《頒律表》後載有纂定者十九人的職稱和人名。為首的是北王兼中書令嵬名地暴，他應是此次修律的主持者。其餘參加纂修的有中書、樞密院的宰輔要員、中興府、殿前司、閣門司等司職的重要官員，陣容十分強大，可見西夏王朝對這次修律的重視。

《天盛律令》在刑法、訴訟法、民法、行政法、軍事法各方面都有豐富內容，從內容上看，應該是一部諸法合體的綜合法典。當然刑法占很大比重，此外訴訟法、行政法、民法、軍事法的內容也較多。

從形式上看，《天盛律令》的編纂體例雖然受到中原王朝律法《唐律疏議》和《宋刑統》的影響，但是有其獨到之處，可以說是一種新的法律體系。

西夏簡稱「夏」，是党項八部之一的拓跋部李元昊建立的政權。西夏的量刑原則：一是重刑主義，刑罰上首次出現長期徒刑與無期徒刑；二是按身分量刑。並確立了「五刑」，即杖刑、短期徒刑、長期徒刑、無期徒刑、死刑。

另外，西夏刑罰還有附加刑，主要是黥和戴鐵枷。西夏的主要罪名大多沿用唐宋的罪名。西夏的軍事犯罪規定的非常詳細、處罰也很具體、嚴格。西夏不承認不動產地鄰的先買權，如以接鄰為由而強買要判處刑罰。

西夏的訴訟程序比較簡單，一般的刑事案件和民事訴訟由地方官受理，京師的案件由中興府和御史審理。在案件審理的過程中，對於罪行屬實而罪犯拒絕說實話的，允許三番拷訊。

還設立了一個「律案檢」，專門負責查找或提示適用的法律條文，如果官員定罪有誤或者「律案檢」引用法律條文有誤，均要負法律責任。

金朝是女真族人完顏阿骨打建立的政權。金政權存在的時間比遼、西夏都短，但是他們吸收唐宋法律的意識更強、漢化的步伐更大，在政權不斷鞏固的過程中，建立了相對系統、完備的法律制度，法制成就遠在遼、西夏之上。

金熙宗皇統年間，首先根據女真舊制，參考唐、宋、遼之法，編成金朝第一部成文法典《皇統制》。此後又有《大定重修制條》、《明昌律義》和《泰和律》，其中的《泰和律》主要參照《唐律疏議》制定而成，共有十二篇三十卷。《泰和律》是金朝法制從內容到形式全面漢化的標誌。

金的刑法加重了對「盜」罪的處罰，除依法治罪外，還要追加贓款的三倍罰款，後又規定盜罪要附加刺字。

另外，金的法律雖然吸收了唐宋的「八議」制度，但卻大大縮小了「八議」適用的範圍，且在採用時也非常嚴格。為嚴肅官紀，金加重了對各種官吏犯罪的嚴刑制裁。

金訴訟制度大體沿襲唐遼宋舊制，受女真傳統習慣影響，也有一些頗具特色的新規定。金朝案件起訴的方式分為官吏糾舉、告訴和投案自首三種。

官吏糾舉，指的是監察官及其他官吏對犯罪案件的彈劾、檢舉。金朝進一步強化了中央和地方監察機關糾舉和彈劾官吏違法犯罪案件的職能。

金朝中央監察機關御史臺，又稱「憲臺」，是「察官吏非違，正下民冤枉」的法紀監察機關。其組織機構大體仿效唐制，而規模較小，仍以御史大夫和御史中丞為長官。

御史大夫掌糾察朝儀，彈劾百官；御史中丞協助御史大夫執行其職務。隨著金王朝中央集權的加強，朝廷對監察機關的建設越來越重視。御史臺的職權不斷明確和擴大。

在封建時代，皇帝對可能危及皇權，覬覦皇位的諸王防範甚嚴。金朝在各親王府設置傅、府尉、長史等屬官，職司管理王府事務，監視親王及其家人的活動，糾舉其違法犯罪行為等。

監察機關在金朝備受朝廷的寵信和倚重，被視為「天子耳目」，賦予行政監察和法律監督的重任，是統治者控制各級官吏和整飭吏治的主要工具。

因此，金朝廷十分重視監察機關的管理及其自身的建設，發布了一系列監察法規、法令和詔制，建立起一套頗為嚴密的考核、賞罰制度，形成對監察機關嚴格管理、監督的機制。其中明確規定了監察官在執行職務中的法律責任。

在金朝，監察官因違法失職而受到處罰的案件，不乏其例。例如在大定年間，御史大夫張汝霖因糾舉之錯，從官二品降至從四品。

金朝前期沒有建立常設性的地方監察機關。地方行政監察和法律監督事務，通常由中央派遣御史臺官員前往各地辦理。由於人手和地域的限制，地方監察工作難以開展。

金朝提刑司的組織機構初具規模。提刑司大體仿效宋制，設於路一級官署，具有中央派出機構的性質。但並非各路均置，而是若干路合設一提刑司，計有九個提刑司。

金章宗曾經改提刑司為按察使司，進一步擴大地方監察機關的機構和職權。按察司官員瀆職違法，亦須負法律責任。

金朝對判決的執行有一定的規則。笞杖刑的執行屬於身體刑罰，並帶有恥辱刑的性質。故有一定身分地位者，往往透過以錢財贖刑等途徑規避體罰的實際執行。

為此，金律對於某些貴族官僚犯罪案件，在判處笞杖刑時，特別附加了「的決」的規定，要求必須實際執行，不得贖免。

執法杖的式樣也有一定的規格。金章宗時頒行的《銅杖式》，明確限定了法杖的尺寸、厚薄，並向地方官署頒發了標準式樣。

施刑的部位，金初罪無輕重均笞背，金熙宗時改為臀、背分決，海陵王又「以脊近心腹」，禁止杖背。

金朝對某些特殊身分的徒罪犯人，如婦女及「家無兼丁」者，實行以杖代徒，即用決杖代替徒刑。

金朝死刑判決的執行，仍實行秋冬行刑等適時行刑制度。在死刑執行程序上，仍沿用華夏王朝傳統的覆奏制度。即死刑判決核准後，須反覆奏聞皇帝才能執行。

金初拘押人犯的場所比較簡陋，監獄的主要功能，並非執行刑罰的場所，而是臨時拘押人犯的地方。其監管的人員，不少是未判決人犯或已判決而待執行的罪囚。

金入主中原建立比較穩定的統治後，在中央和地方普遍設置了較為正規的監獄。中央監獄設於御史臺，由御史大夫的屬官獄丞管理。

地方監獄設於各京府、節鎮、州縣。管理獄囚的職官為司獄。諸京留守司和諸節鎮的司獄為正八品職，而其餘官署的司獄為正九品職。

監獄管理立法日漸完善。此外，金朝還沿襲華夏歷代王朝傳統的「錄囚」之制，隨時派遣審錄官巡視各地監獄，訊察獄囚，平反冤案，決遣淹滯，施行寬赦，以此表示仁政。

閱讀連結

金太祖完顏阿骨打在建國前後，為了鞏固統治，很注意保護平民，他曾經為此陸續頒發了幾項法令：

一是建國前曾下令，三年內不准催督債務，三年以後再議。這個法令，顯然旨在保護平民的利益，以減少反抗。

二是由平民淪為奴隸者，可用兩個奴隸贖一人作平民。原來約定用一人贖者，仍用一人贖。這個法令的用意仍在保護平民，鞏固奴隸制的統治。

這幾項法令發布後，平民的反抗意識得到了緩解，金太祖的統治也得到了鞏固和加強。

元朝立法與民族分治

■元世祖忽必烈蠟像

元朝是中國歷史上一個特定的階段。作為第一個由少數民族建立起來的集權國家，元朝統治者接受漢儒建議，在法制建設上，遠承唐宋，近採遼金，既沿用蒙古族相傳已久習慣法，又根據統治需要制定了大量條格，在司法實踐中獲得很多斷例。

元統治者在學習古老的中原法律時，沒有照抄照搬，而是利用了許多北方遊牧民族的立法資源，體現了多民族法律文化融合的特點，它在中國法制史上占有重要地位。

元朝統治期間，在立法上繼承了漢族法律中的嚴厲之制，在法律實施上進行民族分治，從而在法律內容和司法制度中滲透著蒙古民族的傳統文化精神。

元世祖忽必烈即位後逐漸改變了一些統治方法，他在逐漸拋棄了蒙古習慣法和金律的同時，大量吸收了漢族的法律文化，注重學習漢族的統治經驗，他一方面重用儒生，推崇儒道；另一方面「附會漢法」、「參照唐宋之制」，這些做法對其後的帝王也產生了深遠的影響。

元朝立法從元世祖時開始，先後頒行的主要法典有《至元新格》、《大元通制》、《經世大典》和《元典章》。

《至元新格》是元朝的第一部成文法典。元朝初年，一直沒有制定本朝的法典，而是沿用了金朝的《泰和律義》作為斷案的依據。

西元一二七一年，《泰和律義》被禁止使用，元朝政府開始制定本朝的新法典，《至元新格》就是這一時期編訂的。

西元一二九一年，元世祖命中書右丞何榮祖以公規、治民、御盜、理財等事編纂為一書，即為《至元新格》。此書編成後由忽必烈頒行全國。它的內容包括了公規、治民、御盜、理財等十個方面，是當時已經頒布的法律條文的總結。

《大元通制》是元英宗繼承了其父元仁宗的以儒治國政策，加強中央集權和官僚體制，並於西元一三二三年下令編成並頒布的元朝正式法典。

《大元通制》是在前面一些法典的基礎上編纂而成的，如元世祖時期編纂的《至元新格》和元仁宗時期的《風憲宏綱》都是《大元通制》的參考對象。

《大元通制》總共是兩千五百三十九條，分成了三綱一目。三綱是詔制、條格和斷例，一目是令類。在綱目下邊又分出了很多的細目，這和唐宋時期的內容基本相似，具體的內容也繼承了唐宋法律的思想。

《大元通制》是一部具有法典特性的法律集成，是元朝法典定型化的標誌。

其中的「斷例」相當於唐宋律中的「律」，「條格」則相當於「令」、「格」、「式」，「詔制」相當於「編敕」。

《經世大典》又名《皇朝經世大典》。西元一三三〇年由奎章閣學士院負責編纂，監修燕鐵木兒，趙世延、虞集任總裁兼纂修，次年月修成。全書八百八十卷，目錄十二卷，附公牘一卷、纂修通議一卷。

《經世大典》的體例參考了唐、宋會要，而有所創新。各篇、目正文之前，均有序文說明其內容梗概，或變革之因，或設立宗旨，便於讀者瞭解。

這種編纂方法亦較唐、宋會要為佳。其所依據，多為中朝及外路各官府文件，將蒙古語直譯體改為漢文文言，並刪去了公文中的吏牘繁詞。

《元典章》全稱《大元聖政國朝典四章》，它是元朝的地方官署編訂的，彙集了元世祖至元仁宗期間的政治、經濟、軍事、司法等各方面的聖旨和條文。

全書分詔令、聖政、朝綱、臺綱、吏部、戶部、禮部、兵部、刑部、工部十大類，共六十卷，記事至延祐七年為止；又增附《新集至治條例》，分國典、朝綱以及吏戶禮兵刑工六部共八大類，不分卷，記事至至治二年止。各大類之下又有門、目，目下列舉條格事例，共有八十一門、四百六十七目、兩千三百九十一條。

這種編排體例屬於《唐六典》類型，而且很可能與當時的官衙架閣書檔分類有關。

《元典章》是研究元朝歷史不可或缺的重要文獻之一，全部內容都由元朝的原始文牘資料組成。書中抄引的聖旨和中書省、御史臺文件，保存了元朝最高統治集團議決政務的記錄，從中可以看出元朝政府決定和處理政務的準則、方法和過程。

《元典章》文體獨特，不僅使用一般書面語，詞訟文字中又常用元朝口語。此外還有聖旨、令旨和省、臺文件中使用的以口語硬譯成蒙古語的特殊文體，語法特徵與漢語大不相同，有許多硬性翻譯蒙古語的奇特詞語。

有時在同一文牘中混用這些不同文體。書中元朝俗體字很多，從中能夠看出當時社會上企圖簡化漢字的自發趨勢。

元朝立法形式有一個弊端，就是隨著歲增月積，頒降的格律越來越多，必然出現繁雜重出、罪同罰異的情況，這就使各級官吏得以循情枉法、營私舞弊。

對此，元朝統治者採取了兩種措施：

一是將歷年所頒降的某一方面的條例重新分揀、斟酌、釐定，形成新的法律文字，作為「通例」公布。例如公布的「贓罪條例十二章」、「強竊盜賊通例」等。

這類採取劃一的法規形式而且較為系統的單行法的實施，證明元朝立法確實在逐漸地從因時立制、臨事制宜過渡到法典化。

二是召集老臣，從整體上對國家的體制法作某種程度的統一或協調。這方面最顯著的成果就是《大元通制》和《至正條格》。

在犯罪分類上，特別強調「強姦幼女罪」的罪名並加重處罰。在量刑原則上，崇尚輕刑，尤其是對婚姻家庭方面的犯罪處罰較前代為輕。

燒埋銀是元朝法律規定在對犯罪人處刑的同時，並合施對被害人予以賠償財產的制度。燒埋銀主要適用於殺人或傷人致死犯罪。對於各種殺人罪，向罪犯家屬徵「燒埋銀」白銀五十兩給苦主即受害人家屬。燒埋銀具有一定的損害賠償性質，在民事方面，元朝廢除限田制。契約關係上基本繼承了宋代的規定。損害賠償的內容在法律中有較多規定，這是元朝法律在此方面的發展。元朝的婚書、職業媒妁、贅婿、收繼婚等實體制度，獨具特色，對後世的社會風俗產生了不少影響。

民事方面的立法還有法定婚書和收繼婚的規定。

法定婚書是書面婚約，表示是雙方當事人同意建立婚姻關係的意思。元朝規定，婚姻成立以婚書為法定要件，婚書寫明聘娶財產的數額，如是招贅，還須寫明養老或出舍的年限。

主婚人、保親人、媒人都要在婚書上簽字畫押，然後才能結婚。設定婚書的目的是為了達到消除婚姻糾紛以至發生爭訟的目的。

收繼婚就是未婚男性收娶家族中的寡婦為妻的婚姻方式。這是蒙古族的舊風俗，元朝以法律承認了它的合法性。這種婚姻成立一般發生在親兄弟之間，遠方親屬一般不許收繼。

在經濟立法方面，元朝的經濟立法有專賣法、海外貿易法、賦稅制度等。

此外，元朝還有經義取士制度。元朝的科舉考試制度在命題方面，以《四書》、《五經》的程、朱理學註解為主。這種考試制度結束了以詩賦取士的歷史，首創以程朱理學為主的經義取士制度。考試每三年舉行一次。

元朝的司法機構，中央有大宗正府、刑部、宣政院；地方上以行省、路、府、州、縣分列五級。

元朝法律規定，各級地方政權機構處理一切公事，都必須有長官與正官集體與議，共同署押，稱為「圓署」制度。只有路、府所署推官，由於是專門監督管理刑名，其餘諸色事務，可以不參加會議通署。

凡有罪囚，先由推官審問，問明案情後，再由全體行政官員「通審圓署」。所在州、縣發生的刑案，如超出當地官府決斷權限，也由路、府推官負責審理。

元朝訴訟審判制度大部分延續宋代舊制，以「干名犯義」較具特色。

元朝強化了前代關於訴訟當事人在身分上和資格上的限制，確立「干名犯義」的罪名。它是指除了反叛、謀逆、故意殺人外，凡子證其父、奴告其主、妻妾弟侄告發父兄叔伯等訴訟行為，都被認為是大傷風俗的「干名犯義」，一律禁止。這一規定為明、清所繼承，「干名犯義」的告訴，對被告作自首處理，對原告予以處罰。

在法醫學方面，在宋朝法醫學取得成就基礎上，元朝的法醫學又有了發展。其主要成就表現在三個方面：

一是《檢屍法式》的頒布與實施，簡化了繁瑣的檢屍文件。其檢驗點達七十餘處。位置、名稱、順序與南宋末年的法醫學名著《洗冤錄》所著相近。

《檢屍法式》作為立案追勘的官定手續之一，而且其方式大略完備。這也是元朝裁判制度的特點之一。

二是《無冤錄》的出版，《無冤錄》是蜚聲中外的元朝檢驗錄，其主要成就將在醫學著述項下介紹。

三是《儒吏考試程式》的頒發，《儒吏考試程式》又稱結案式，頒布於西元一二九七年。全文共分二十四個字，每個字代表一部分，計一百一十八條。與法醫學有關的屍、傷、病、物等共計五十三條。

《儒吏考試程式》是政府規定上報民刑案件結論的通式，並用它來招考儒吏，以達到文案的統一。

《儒吏考試程式》中的「屍」相當於屍體檢查，「傷、病」兩部分相當於活體檢查，「物」相當於物證檢查。這樣，《儒吏考試程式》在世界上首度提出了現代法醫學的三大組成部分，即屍體、活體及物證，這是對世界法醫學的又一重大貢獻。

閱讀連結

元初名臣廉希憲是個剛正清廉的人物。忽必烈命廉希憲任北京行省長官，鎮撫遼東。

他為了安撫地方，專門下令：凡是殺害俘虜者一律按殺害平民治罪；俘虜如果患病被遺棄，允許人們收養，病癒後原來的主人不能索要。

由於他執法嚴明，使當地很快出現了勃勃生機。廉希憲去世後，元朝追封廉希憲為魏國公，贈清忠粹德功臣、恆陽王等榮譽稱號，謚號「文正」。這個謚號是對大臣功勞的最高評價，歷史上得到這個謚號的人很少。

近世時期 法度天下

明清兩代是中國歷史上的近世時期。明初統治者在重典治國的同時，強調「明刑弼教」，使老百姓都知道法律，做到遵紀守法，提高道德素質。

清朝對法典不斷修訂，其中有些法律形式和立法及司法改革，不僅是中國近代法制的雛形，也對日本、朝鮮和越南的法制發展產生了重要影響。

中國近世時期建立的一系列再審、會審等制度，使法制體系進一步完善，法律功能進一步加強。

明朝立法思想和立法成就

■明太祖朱元璋畫像

西方一三六八年，朱元璋稱帝，國號大明，定都南京。明朝是中國歷史上皇權高度發達的時代，是中國封建社會後期的一個重要的王朝，也是高度發展的君主專制中央集權國家。明朝的立法權原則上屬於皇帝所專有，重要法律的制定和頒行，皇帝都親自行使立法權。

明朝統治者在複雜的政治經濟形勢下，以重典治國和明禮教民為立法指導思想，繼承發展唐宋時期的立法成就，建立起一套更為完善的法制體系，直接或間接地影響著後世的清朝以及周邊東南亞諸國的法制發展。

明太祖朱元璋總結元朝綱紀廢弛，官吏貪縱而導致滅亡的歷史教訓，針對當時複雜的政治經濟形勢和不完善的刑罰制度，決定在實行重典治世的同時，把教化和鎮壓結合起來，禮法相輔而行。這種立法指導思想是封建法制長期發展經驗的積累和總結。

明太祖重典治國立法指導思想的形成，是由於他認定當時面臨著一個經濟政治形勢錯綜複雜，內外矛盾交織的亂世。

因為明朝建立初期，起義農民和大量流民仍然存在，北元殘餘勢力還在不斷反抗，而且連年戰爭造成了經濟衰敗，統治集團內部也存在爭奪權力的鬥爭，這些都對明朝統治構成嚴重威脅。要消除這些威脅，就必須實行重典治國。

重典治國首先表現在重典治吏方面。明太祖認為，元朝之所以滅亡，就是由於中央集權統治削弱，吏治腐敗。特別是隨著宋元以來商品貨幣經濟的發展，地主豪紳、貪官汙吏的盤剝和掠奪達到了瘋狂的程度，這也是激起農民起義的重要根源。因此，明太祖試圖透過重典治吏達到強化中央集權統治的目的。

明太祖曾親眼目睹元朝官吏不體恤民艱，凡民間疾苦皆漠視之，當時心裡非常憤怒。如今國家初立，務必嚴立法禁，凡遇官吏貪汙蠹害百姓，絕不寬恕。重典治吏是明太祖對歷代治國經驗的總結，是強化君主專制皇權的重要措施。

重典治國的另一表現是重典治民。明朝初年，由於土地和賦稅等問題沒有得到真正解決，為此，明初忠實執行明太祖的重典治民思想，嚴厲鎮壓犯上作亂者的反抗活動，企圖以此穩定統治秩序。

在推行重典治國的同時，明初統治者也從歷代經驗教訓中清醒地認識到，僅靠嚴刑峻法一味鎮壓，只能取得一時成效，不能從根本上解決問題。

為了保證明朝政權的長治久安，在採用重典治國思想的同時，明初統治者也堅持奉行禮制和刑律並用政策，曾明確提出「明禮以導民，定律以繩頑」的主張，強調將禮的預防犯罪職能與刑的鎮壓犯罪職能有效結合起來，以法律手段推行德禮教化。這是對西漢以來所形成的「德主刑輔」立法指導思想的進一步發展。

鑒於宋元法律比較繁雜，既不利於普通百姓知法守法，也容易導致司法官員徇私枉法。因此，明初統治者要求立法簡單明瞭，便於實施，反對法律條例繁多，以防止貪官汙吏出入人罪，即把有罪的人定為無罪，把無罪的人定為有罪。與此同時，強調法律條文不必面面俱到，而應突出立法重點，集中發揮法律作用。

這些主張和措施對於宣傳普及法律，重建封建法制，鞏固統治秩序，造成了重要作用。正是在上述立法思想和方針的指導下，明朝立法活動鋪展開來。在明朝修訂和創制的一系列法律法規中，《大明律》、《大誥》、《問刑條例》和《明會典》，代表了明朝法律的最高成就。

《大明律》是明朝基本法典，前後經過四個階段，即草創階段、更定階段、整訂階段和正式頒行階段，共歷時三十年。

草創階段始於朱元璋自立為吳王後。西元一三六七年，吳王朱元璋令左丞相李善長等制定律令，當年的十二月完成。這次編定律兩百八十五條，令一百四十五條，合稱《吳元年律令》。

其中律承襲《元典章》體例，依六部順序編排，引起刑律體例的變化。《吳元年律令》頒布後，又編撰《律令直解》為其注釋，以便於百姓周知通曉。

更定階段始於西元一三六八年，止於西元一三七四年。明太祖稱帝後，命令四名儒臣會同刑部官員，每天給他講解唐律二十條，作為修訂明律的參考。

西元一三七三年冬，下令刑部尚書劉唯謙等草擬《大明律》，至西元一三七四年二月成書，編目仍依唐律十二篇，但將《名例律》放在最後，律文也增至六百〇六條。這是《大明律》的正式制定。

整訂階段始於西元一三七六年，止於西元一三九三年。明太祖命令大臣對《大明律》進行全面整理修訂，將其改定為七篇，三十卷，四百六十條，又改《名例律》為首篇。經過這次整理修訂，《大明律》的篇章體例內容基本定型。

正式頒行階段是一三七九年。《大明律》歷經三十年的更定和修改，最終完成並頒行全國。作為明朝的一代大法，明太祖曾下詔令子孫嚴守之，假如群臣稍有更改，就要治以「變亂祖制」之罪。因此，《大明律》經這次正式頒行以後，繼任的明朝諸位帝王都沒有再對律文內容進行過修改。

《大明律》歷經三十年的反覆修改補充，扭轉了元朝落後的立法習俗，重新確立了中華法系的立法傳統，成為中國君主專制社會後期一部具有代表性的成文法典。

《大明律》的主要變化和特點有二：一是簡明扼要。《大明律》全律共七篇，三十卷，四百六十條，是此前歷代法典中最簡明扼要的一部；二是變更體例。

《大明律》按吏、戶、禮、兵、刑、工六部的國家機關分工編目，改變了以往法典分立篇目的原則和傳統，是中國古代立法制度史上的一大變化，同時也體現了明太祖在官制改革中廢除宰相制後，利用立法手段強化君主專制中央集權的意圖。

《大明律》的反覆修訂，反映出明初統治者非常重視立法，也代表了當時較高的立法水平。因此，《大明律》直接影響了清朝和東南亞各國的封建立法。

《大誥》是在制定《大明律》的同時制定的。在制定《大明律》的三十年間，明太祖為了整頓吏治，警戒臣民，扭轉世風，還親自編纂並先後頒布了《御製大誥》、《御製大誥續編》、《御製大誥三編》和《御製大誥武臣》等四編《大誥》。

《大誥》的誥文共有兩百三十六個條目，摘錄洪武年間的刑事案例、結合陳述案例或另列專條頒布了有別於《大明律》的重刑峻令，用以嚴懲吏民、以及明太祖對臣民的訓導等內容所組成，主要規定了人們的行為規範和相應的法律後果，其中多數峻令有具體量刑標準，具備了古代刑事特別法規的基本特徵。由於它是御製聖書，故具有最高的法律效力，是明初的重要法律規範。

《大誥》的主要內容是懲治貪贓官吏和害民豪強，最大的特點是法外用刑。與《大明律》相比，《大誥》有著明顯的區別：

一是用刑加重。《大誥》列舉的案例，絕大多數是輕罪重刑。有的犯罪在《大明律》中已有規定，但《大誥》則加重處以非常之刑。

二是法外處刑。《大誥》的許多規定，是《大明律》所沒有的。如幾位有氣節的文人，因徵召不到、拒絕做官、不食皇糧，《大誥》即將其處死，並株連親屬。

三是酷刑繁多。《大誥》推行重典治國原則，規定了許多《大明律》所沒有的酷刑。

四是重典治吏。在《大誥》兩百三十六條中，治吏之條占八成以上，有關懲治貪官汙吏和豪強作惡的案例尤多。明太祖試圖透過打擊貪官汙吏和豪強作惡，改善吏治狀況，強化專制統治的整體效能，透過治吏達到治民的目的。

《大誥》頒行時，明太祖宣告：

「朕出是誥，昭示禍福，一切官民諸色人等，戶戶有此一本，若犯笞杖徙流罪名，每減一等，無者每加一等，所在臣民，熟觀為戒。」

頒行《大誥續編》時，明太祖又進一步說：「斯上下之本，臣民之至寶，發布天下，務必家家有之，敢有不敬而不收者，非吾治化之民，遷居化令歸，的不虛不。」頒發《大誥三編》時又重申：「此誥前後三編，凡朕臣民，務要家藏人育，以為鑒戒，倘有不遵，遷於化外，的不虛示。」

為了擴大四編《大誥》的影響，明太祖把它們列為全國各級學術的必修課程，科舉考試從中出題。奉其旨意，行文國子監正官，嚴督諸生熟讀講解，以資錄用，有不遵者則以違制論處。

《問刑條例》是《大明律》的子法律。由於朱元璋制定的《大明律》不可更改，在實行的過程中難免會存在著法律與現實脫節的情況。為適應社會的需要，矯正《大明律》不可更改的弊端，在明朝中期以後，條例成為一種被廣泛運用的法律形式。

隨著條例地位作用的日漸重要，條例的數量也越來越多，出現了前後混雜矛盾之弊，需要對條例進行整理和修訂。

於是在西元一五〇〇年整理修訂了兩百七十九條條例，頒行天下，「永為常法」，這就是《問刑條例》。其後，在嘉靖、萬曆年間都對其進行過調整。

《問刑條例》頒行後，一直與《大明律》並行。至西元一五八五年，又以條例附於《大明律》後，採取律例合編形式。這一做法也為後來的清律所沿用。

《明會典》是仿照《唐六典》體例編纂的一部行政法律彙編。明英宗時期，為了統一典章制度，使各衙門辦事有所依據，開始仿照《唐六典》體例編修《大明會典》。至弘治年間完成，名為《大明會典》，共一百八十卷，但未及頒行。

明武宗、明世宗、明神宗三朝，又分別對《大明會典》進行修訂，先後編纂了《正德會典》、《嘉靖續纂會典》、《萬曆重修會典》。目前傳世的僅有明武宗、明神宗兩朝《會典》。

《明會典》主要是根據明朝官修《諸司職掌》、《皇明祖訓》、《大誥》、《大明令》、《大明集禮》、《洪武禮制》、《禮儀定式》、《稽古定制》，《孝慈錄》、《教民榜文》、《大明律》、《軍法定律》、《憲綱》等書和百司之籍冊編成。分述各行政機構的職掌和事例。

《明會典》的首卷為宗人府，其下依吏、戶、禮、兵、刑、工六部及都察院、六科與各寺、府、監、司等為序，計吏部十二卷，戶部二十九卷，禮部七十五卷，兵部四十一卷，刑部二十二卷，工部二十八卷，都察院三卷，通政使司、六科、大理寺、太常寺、詹事府、光祿寺、太僕寺、鴻臚寺、國子監、翰林院、尚寶司、欽天監、太醫院、上林苑監、僧錄司各一卷。

以上為文職衙門，共兩百二十六卷，武職衙門僅有兩卷，列敘五軍都督府和各衛等。各官職之下多列有詳細的統計數字，如田土、戶口、駐軍、糧餉等。

《明會典》內容廣博，記載典章制度頗為完備，凡明史所未載者，會典均有交代，為後世研究明代典章制度的重要文獻。

明朝繼承發展唐宋時期的立法成就，其法律體系更趨於完善，法律內容更加豐富。明朝的法律形式主要有律、令、誥、例、典等，其中律是主要法律形式，其他形式是律的補充。但在司法實踐中，其他法律形式也分別發揮著相當重要的作用。

閱讀連結

明朝開國君主朱元璋對貪官汙吏深惡痛絕。他曾經講過：「不僅貪錢、貪物者是貪官，貪聲貪色者、貪權貪勢者、貪諛貪名貪享樂者也都是貪官。」可見他對貪汙問題已達「潔癖」的地步。

在執行嚴刑峻法方面他更是絕不手軟，如藍玉一案即處置了上萬人，而且官階層級從宰相、皇親國戚、駙馬、大將軍、尚書、欽差大臣到侍郎、各級地方官吏等無一能免。當然，朱元璋不僅重視吏治，他也是一個賞罰分明的皇帝。

明朝法律內容及司法體系

■明成祖朱棣畫像

明朝的法律制度上承唐宋、下啟清朝，是中國封建社會後起典型代表。明朝是君主專制中央集權制度高度發展和商品經濟較為發達的時代，其法律內容與這一時期的政治經濟發展狀況相適應，也與以往各代有著明顯差異。

《大明律》是明朝的基本法典，它前後歷時三十年才修訂完成，成為中國君主專制社會後期一部具有代表性的成文法典。

明朝統治者為了強化君主專制中央集權統治，明朝司法制度中的機構設置、案件審理以及監察等都出現了一些新的變化，司法體系相當完備。

為了鞏固和加強君主專制集權制度，明朝法律規定了諸多方面的內容。

在刑事法律方面，明律採取了重罪加重的處罰原則。比如在刑罰上，明律規定五刑制度，但徒刑五等分別附加杖六十至一百，流刑三等分別附加杖一百。此外，又增加充軍、枷號等律外酷刑。

充軍刑源於宋朝刺配刑，明初只是把犯人送到邊疆開荒種地，後來逐漸成為常刑。充軍刑發配地點遠近不等，從四千里到一千里，各等均附加杖一百。

充軍分為終身與永遠兩種，終身是指本人充軍到死，人死刑罰執行完畢；永遠是指子孫世代充軍，直至丁盡戶絕為止。

枷號是強制罪犯在監獄外或官衙前戴大枷示眾，以對其進行羞辱折磨的一種刑罰。枷號的刑期為一、二、三、六個月及永遠五種，大枷重量有十幾斤至幾十斤不等。

明朝嚴懲官吏贓罪的法律規定，主要集中於《大明律》和明《大誥》中。如《大明律》將六種非法占有公私財物的犯罪列為「六贓」，並繪製成圖置於律首，作為僅次於十惡的重罪予以懲處。

其中監守盜、受財枉法、受財不枉法和坐贓四種罪名，均涉及官吏貪贓行為。明律關於官吏貪汙、受賄、盜竊等罪的條文很多，且有詳盡全面的規定。

《大誥》中懲治貪官汙吏的規定更加嚴厲。在《大誥》四編兩百三十六條中，懲貪條文多達一半以上。有的按律免死，《大誥》則規定凌遲，並且家財沒官，家人遷往化外。明太祖要求對官吏犯贓案件，必須順藤摸瓜，層層追查。

如《大誥》初編載：西元一三八五年，戶部侍郎郭桓等人貪汙巨額官糧，牽連坐罪者極廣，中央六部侍郎以下數百官員被處死，其他官吏及地主豪紳有數萬人被下獄治罪。

明太祖重懲貪官汙吏，往往不只限於案犯本人，而是懲一儆百。他常常利用民眾懲治貪贓官吏，允許各地百姓監督、陳告、扭送贓官，並可越級訴訟，直至進京。

官吏徵收稅糧和攤派差役作弊枉法，受害者可以捉拿該官吏，並自下而上陳告；若上司拒絕受理，也要依法論處。

《大誥》還規定，對於違旨下鄉、動擾民眾的貪贓官吏，百姓可將其捉拿赴京。為了強化吏治，使官吏盡職盡責，明律還規定了名目繁多的失職瀆職罪。

明朝還設有廷杖制度。所謂廷杖，就是按照皇帝指示，由司禮監太監監刑，錦衣衛行杖，在廷殿之上，當眾責打違背皇帝旨意的朝文武臣的一種酷刑。

在民事法律方面，明朝對土地所有權有明確的規定。明朝不實行均田制，從法律上廢除了「占田過限」之類的規定。

為了發展農業，確保土地的使用，明太祖在建國之初就規定，凡逃棄荒田，一律歸先占開墾者所有，舊主即使回歸也喪失土地所有權，只可請求返還房屋墳墓。洪武年間曾多次下詔，確認墾荒者擁有土地所有權，國家給予一定期限的免稅獎勵。

為了保護土地所有權人全面行使占有、使用、收益、處分等權利，明朝統治者從法律上確認各種土地所有權，並排除各種不法侵害。凡盜賣、盜種、換易、冒認及侵占他人土地與房屋者，田一畝、屋一間以下笞五十；田五畝、屋三間加一等，最高至徒三年；若為強占，則杖一百、流三千里。

在土地以外的其他財產所有權方面，明朝也強調先占原則，主要表現在遺失物與埋藏物的歸屬方面。《大明律 · 戶律六 · 錢債》中「得遺失物」條規定：拾得人有送官的義務，但失主認領後，要將其一半付給拾得人。三十日內無人認領，拾得人可獲得該物的全部所有權。

在埋藏物的歸屬問題上，「得遺失物」也作出了類似規定：埋藏物完全歸發現人所有，只是古器、鐘鼎、符印、異常之物必須送官。

在財產所有權上強調先占原則，保護先占人的所有權，反映了明朝社會財產私有權觀念的深化。

明朝也規定了契約制度。如借貸契約的訂立、利息、時限，土地租佃的相關條款，以及典制度等，其基本精神在於保護個人利益免受侵犯。

明朝關於婚姻方面的法律規定，據《大明律 · 戶律三 · 婚姻》規定：凡男女訂婚之初，如有殘疾、老幼、庶出、過房、乞養者，務要兩家明白通知，各從所願，寫立婚書，依禮聘嫁；若許嫁女方已報婚書及有私約，或雖無婚書但已接受聘財而悔婚者，笞五十。

此外，不得收留在逃女囚為妻妾，不得強占良家妻女為妻妾，府州縣長官不得於任內娶部民婦女為妻妾，監臨官也不得娶為事人妻妾或婦女為妻妾，違犯者依法論罪。

在爵位和宗祧繼承方面，明律仍實行嫡長子繼承制。如無嫡子，可立嫡長孫，或立庶長子，違者處刑。明律規定，立嫡子違法者，杖八十；立異姓義子者，以亂宗論，杖六十。

在財產繼承方面，仍實行諸子均分制。明律規定，嫡庶子男，不問妻妾婢生，只以子數均分；對戶絕財產，無同宗應繼者，由所生親女承受；無女兒，財產入官。妻子是特殊順序的繼承人，寡妻如有子，由寡妻掌管家產，並不發生析產問題；如無子守志，寡妻應與族長擇同宗應繼之人立為亡夫嗣子；如無子而招進贅婿，必須為死者另立嗣子，家產均分。

在經濟法律方面，明朝建立了匠籍制度，手工業工人一旦被編入匠籍，便世代為官府勞作，不許脫籍，沒有自己經營和遷徙的自由。

明朝第一次將鹽法、茶法納入國家正式法典，確立國家對鹽、茶經營的壟斷地位。明律規定，鹽商、茶商必須經過法定手續，取得「鹽引」、「茶引」等官方發給的專賣許可證，才能經營；否則構成私鹽、私茶罪。

凡犯私鹽罪者，杖一百徒三年；若有軍器，加一等；拒捕者斬。即使買食私鹽者，也要杖一百；如果買後又轉賣者，杖一百徒三年。

國家鼓勵百姓告發私鹽犯和私鹽犯自首，並且打擊專商倒買倒賣鹽引和鹽貨，以保證鹽法的順利實施。凡犯私茶罪者，同私鹽法論罪。

《私茶條例》甚至規定，內地人潛往邊境販賣私茶，與化外人交易，則不論斤兩，連同知情人，一律發往煙瘴地區充軍；倘若私茶出境和關隘失察者，一律凌遲處死。

明朝的賦稅種類較多，其中最主要的是土地稅、人口稅和商稅。明朝的土地稅和人口稅以黃冊和魚鱗冊為徵收依據。黃冊是登記全國人戶的戶籍，魚鱗冊是對全國土地進行丈量後繪製的圖冊，每家每戶的土地位置、大小、形狀等都在魚鱗冊中標註出來。

明神宗萬曆年間，為了解決賦役不均和徵收混亂的稅制弊端，首輔張居正開始推行「一條鞭法」。

其內容大致包括：第一，簡化徵稅手續，將過去徵發的所有項目合併為一條；第二，實行田賦和徭役合一，統一徵收銀兩，將過去按戶按丁攤派的徭役歸於田畝；第三，以僱役制代替差役制，每年徵繳一次代徵銀，各州縣所需力役，由官府出錢招募。

「一條鞭法」的推行，在中國古代稅法史上占有重要地位。它將過去的所有稅目合併為一條，並將徭役折銀攤入地畝，既簡化了稅制，又由實物稅轉化為貨幣稅，有利於商品貨幣經濟的發展。

為加強對商稅的管理，《大明律 · 戶律五 · 課程》有「匿稅」條規定：凡城鎮鄉村的商貿集市和海港碼頭，都由官府設置的人員專門管理；凡客商匿稅及酒醋店鋪不納稅者，笞五十，貨物一半入官。為獎勵告發偷稅漏稅者，還將沒收貨物的十分之三給予告發人。

明朝不但重視國內稅收立法，而且對外商載貨入境作了嚴格規定。凡海上貿易活動，船舶一靠岸，即必須向官府申報，按十分之一徵收進出口稅；若不報或報而不實，杖一百，貨物入官；窩藏貨物者同罪，告發者給予獎勵。這一稅收立法，既保護了國家的財政收入，又維護了國家的關稅主權。

明朝商業活動活躍，貨幣流通量增大。為此，《大明律・戶律四・倉庫》首次設立「錢法」、「鈔法」專條，確立了寶鈔與銅錢並行使用的制度。

按照其規定，各種錢幣並行使用，不得重錢輕鈔，違者處杖刑；偽造寶鈔，不分首從，一律處斬，沒收財產；窩藏盜賊、贓物的人、知情者、使用者與偽造者同罪；描改者杖一百、流三千里；私鑄銅錢者處絞，匠人同罪。甚至還嚴厲打擊私自買賣廢銅的行為，違者各笞四十，以防止偽錢的鑄造。

這些法律規定，對保證國家貨幣的正常流通，穩定經濟秩序，發展商品經濟，發揮了重要作用。

明朝中央司法機關分別是刑部、大理寺和都察院，統稱為三法司。但與唐宋中央司法體制不同的是，明朝以刑部掌審判，大理寺掌覆核，都察院掌監督糾察。

刑部由唐宋時期的覆核機關改為中央最高審判機關，明初下設四司，後擴充為十三清吏司，主要審理中央百官違法犯罪案件和京師地區重大案件，分別受理地方上訴案件，審核各地重大案件。刑部有權判決死刑以下案件，但徒流刑案件須報送大理寺覆核。

大理寺由唐宋時期的中央審判機關改為覆核機關，主要覆核刑部和地方判決的徒流刑以上案件。如發現判決不當，可駁回原審機關或改由刑部重審，死刑案件則須奏請皇帝批准。

都察院作為皇帝的耳目和監督糾察機關，除糾察彈劾各級官員的違法失職行為外，有權監督檢察刑部和大理寺的審判覆核活動，並且經常與刑部和大理寺共同會審重大案件。

明朝地方司法機關分為省、府、縣三級，府、縣仍由行政長官兼理司法，而省一級變化較大。各省設布政使掌行政事務，提刑按察使專掌司法審判。按察使有權判決徒刑以下案件，徒刑以上案件須報送刑部審查。

明朝實行世襲兵制，軍人編入軍戶，部分訓練征戰，部分屯田耕種。軍戶之間發生姦盜、詐偽、戶婚、田土、鬥毆糾紛，一般不受普通司法機構管轄，而由各衛所的鎮撫司、省都指揮使司的斷事司審理。但人命案件則會同當地司法機構檢驗審理，軍民交叉訴訟也由軍事機構與當地司法官會同審理。

明朝各地基層鄉里組織設有「申明亭」，由本鄉人推舉三五名正直公允的老人主持，負責調處民間糾紛爭訟。經調解後不願和解者，也可向官府起訴。

這一組織的設立，已具有基層民間調解制度的性質，可以發揮申明教化、穩定社會秩序的作用，反映了明朝統治者「明刑弼教」的法制思想，即用刑法曉諭人民，使人們都知法、畏法而守法，以達到教化所不能收到的效果。

為了加強皇帝對審判權的控制，有助於法律的統一適用，並對司法機關的審判活動予以監督，明朝對重案、疑案以及死刑覆核案實行會審制度，包括廷審、三司會審、九卿圓審、朝審、大審、熱審等。

廷審是由皇帝親自審訊犯人的一種特別審判。明初朱元璋規定，對武臣所犯死罪案件，必須親自審訊；遇有特別重大的案件，皇帝認為有必要時，也可親自進行審訊。

三司會審源於唐朝的「三司推事」，是由刑部、大理寺、都察院三法司長官共同審理重大案件的制度。

九卿圓審是對特別重大案件或二度翻供不服之案件，由三法司長官會同吏、戶、禮、兵、工五部尚書及通政使等九家重要官員共同審理的制度。

朝審即由三法司長官與公、侯、伯等爵高位重者，在每年霜降後共同審理大案重囚的制度。始於西元一四五九年。

大審是由皇帝委派太監會同三法司官員共同審錄罪囚的制度。它定制於明英宗時，每五年舉行一次。這是明朝獨有的一種由宦官指揮司法、會審重囚的制度。

熱審是由司禮監傳旨刑部，會同都察院、錦衣衛於小滿後十餘天暑熱季節進行的會審制度。自西元一四〇四年起，因夏天炎熱，為清理牢獄，乃令中央府、部、科協同三法司遣放或審決在押囚犯。一般笞罪無干證者，即行釋放；徒流刑以下者減等發落；重囚有疑難者以及戴有枷號者，奏請皇帝最後裁決。

明朝對大案、要案、疑難案件進行會審的制度，在清理積案、審慎刑罰並對各級司法機關進行監督檢查方面造成了一定作用，也保證了皇帝對司法大權的有效控制。

明朝司法制度的突出特點是「廠衛」干預司法。廠指東廠、西廠、內行廠，衛指錦衣衛，合稱廠衛，是明朝統治者為了強化君主專制統治，在普通常設司法機關之外設立的特務司法機構。

東廠、西廠、內行廠是由宦官指揮組織的特務司法機構。西元一四二〇年，成祖依靠宦官設立東廠，專門從事偵緝活動，並行使審判權。

由於東廠直接聽命於皇帝，事無大小一律向皇帝奏報，甚至夜間遇有急事也可面見皇帝，就連錦衣衛也在東廠偵查的範圍之內，而且東廠人數眾多，形成了以京師為中心的全國性的特務網，權力很大。

明憲宗成化年間，社會治安進一步惡化，原有的廠衛機構已不能滿足需要，於是又設立西廠。其四處刺探民間反叛行為，權力和人數又大大超過東廠，進一步發展了特務司法機構。

明武宗正德年間，為強化鎮壓職能，又在東西廠之外設立內行廠。其不僅偵緝官民，而且還操縱、控制、監視東西廠，權力更在東西廠之上。

錦衣衛由保衛皇帝安全的侍衛親軍組成，是皇帝最親信的貼身禁衛軍，主要負責皇宮警衛及皇帝出行儀仗事宜。

西元一三八二年，朱元璋為了有效控制臣民，賦予錦衣衛偵查、逮捕、審訊等司法權，並直接對皇帝負責，大理寺和刑部不得過問其審判活動。錦衣衛下設南北鎮撫司，南鎮撫司主管本衛軍、匠人員紀律，北鎮撫司專理詔獄，設有專門監獄。

西元一三八七年，朱元璋又明令禁止錦衣衛干預司法。但到永樂年間，又恢復了錦衣衛干預司法的職能，並一直延續到明末。

廠衛制度是明朝始創並獨有的，是受皇帝指使的法外司法機關，具有獨立的偵查、緝捕、審訊權。廠衛不受法律和司法程序約束，而有一套特殊的手段和程序，可監視各類會審，可隨意到各級官府或各地偵緝、查訊，可自設法庭對犯人進行隨時隨地刑訊問罪，可製造口供、迫害異己、嚴刑定案、任意殺戮。

這些做法嚴重破壞了正常的司法制度，加深了統治階級的內部矛盾，官僚與廠衛之間的衝突也日益激烈，成為明朝中後期的一大政治弊端。

明朝監獄組織，自中央到地方已系統化。中央有刑部司獄司管轄的刑部監獄、都察院監獄、五軍都督府和兵部下屬的軍事監獄及錦衣衛監獄，地方各省、府、州、縣也設立監獄。

全國監獄均由刑部提牢廳管轄。提牢廳專設提牢主事負責，但無專人專職，一月變更一人主持。提牢主事的職責是點校、視查囚犯和監獄，都察院等機關可以派人提調監督。

明朝的監獄管理制度有所發展和完善，當時已有男監、女監、內監、外監之分。為了保障監獄繫囚安全，明朝正式規定了獄官「點視」制度，定時點檢囚犯、巡視監獄。

對於提牢主事、典獄官以及獄卒失職或縱囚行為，明律規定了比唐律更重的懲罰。明朝還對囚犯的衣、糧、醫藥等待遇規定了相關法律，明確了囚犯的生活管理制度。

閱讀連結

明朝大理寺於西元一三八一年設置，當時明太祖朱元璋命李仕魯為首任大理寺卿，正五品。為加強大理寺的權力，西元一三八九年，朱元璋升大理寺卿為正三品，少卿正四品，丞正五品。

據《明朝典則》記載，明太祖曾經把大理寺丞周志清提為卿，並要求他做到「推情定法」，「刑必當罪」，使「獄以無冤」。明太祖知道，要做到這些是很不容易的，因此在選任大理寺官員是否得當是非常重要的。

清朝立法思想和立法成就

■清太宗皇太極畫像

清朝是中國末代的封建王朝，其法制傳承了漢唐宋明的傳統，具有較大的發展，尤其民族立法取得了顯著成就，堪稱中國古代民族立法之大成。

清朝統治者從關外時期起，就重視借鑑明朝法制的得失，注意吸收明朝法律文化的重要性，因而形成了「參漢酌金」的立法原則，即參考明朝法制為代表的漢族封建法制，再根據時代的進步斟酌吸收滿族固有的習慣法。

在這一思想指導下，取得了諸多立法成果，達到了中國古代立法的一個新的高峰。

清朝從關外時期起，就比較借鑑明朝法制的得失，尤其是到皇太極時，已從實踐中認識到吸收明朝法律文化的重要性，因而形成了「參漢酌金」的立法原則。

「參漢」就是吸收明朝的封建法制；「酌金」則是有條件地援用女真族的習慣法。

清朝順治帝定都北京以來，著眼於清朝的長治久安，並不像元朝那樣簡單輕率地否認前制，而是從實際統治需要出發，力主承襲明朝有益的法律內容。同時，大力倡導程朱理學，繼承理學思想，全面強化思想文化方面的專制統治。提出法律不僅是使人們因畏懼法律而不去犯法，而旨在於形成一種教化，使人們自覺去維護它。

正是基於這種認識，清初統治者確定了「詳譯明律，參以國制」的立法指導思想。

清初立法將明律為代表的漢族封建法律意識與原則吸收到有關的法律、法令中，主要法律形式有律、條例、會典等。

清朝編訂的重要法律有《大清律集解附例》、《大清會典》和《大清律例》。除此之外，清朝還制定了很有特色的民族法規。

《大清律集解附例》也叫《順治律》，是清朝第一部完整的成文法典，共三十卷，四百五十八條。最初制定於西元一六四六年五月，次年三月由大學士剛林帶領前明朝刑部官員等人審校後編纂完成。

在增加一些小注以後，《大清律集解附例》作為清朝第一部通行於全國的綜合性法典，於西元一六四七年三月正式頒行。同年十二月，《大清律集解附例》的滿文本也正式頒發。此律為之後《大清律例》的制定打下了基礎。

《大清律集解附例》的篇目體例同《大明律》，分名例、吏律、戶律、禮律、兵律、刑律、工律七篇，共三十門，律文四百五十九條。

雖然順治皇帝對《大清律集解附例》十分重視，在頒行時要求「子孫臣民世世守之」，但由於抄襲《大明律》的痕跡過重，許多地方與清朝的實際距離太遠，所以在當時出現了「律例久頒，未見遵行」的情況。後世學者也多認為此律無異於明律的翻版。

但當時的情況下，《大清律集解附例》的制定完成，為當時大亂方休的社會提供了一個實在的法律標準，在穩定社會秩序方面造成了一定的作用。同時，《大清律集解附例》的制定，也為康熙、雍正、乾隆時期的全面立法提供了重要的藍本。

《大清律集解附例》的體例、條文最初都基本沿用明朝舊制，相當於明律的翻版。西元一六七〇年又由刑部與大理寺共同修訂，刪去「吏律」中「選用軍職」等陳舊條款。

西元一七二七年，雍正皇帝頒布第二部法典《大清律集解》，它是對《大清律集解附例》的律文進行了一些調整和修改，而且規定欽定的例效力為最高。

《大清會典》也稱《大清五朝會典》，是康熙、雍正、乾隆、嘉慶、光緒五個朝代所修會典的總稱。它是按行政機構分目，內容包括宗人府，以及內閣、吏部、戶部、禮部、兵部、刑部、工部六部各自的職能及有關制度。

從內容看，是以行政法律為主要內容的法律彙編，詳細記述了清朝從開國到清末的行政法規和各種事例，反映了封建行政體制的高度完備。

《大清會典》不僅是清朝行政法規大全，也是中國封建社會最完備的行政法典。

《大清會典》中的《康熙會典》仿明會典的修訂，採取以官統事、以事隸官的編撰體例。它按中央行政機關分卷，每個行政機關下，具體規定該機關的執掌、職官設置、處理事務的程序方法，構成了會典的正文。

在正文之下又附有與機關相關的規則，作為正文的補充。《康熙會典》採取以典為綱、以則例為用原則，為將典例分別編撰的新體例。

與《大清會典》相輔而行的，還有《清會典則例》或《清會典事例》和《清會典圖》。

《清會典則例》或《清會典事例》具體敘述清歷朝官制的沿革利弊和演變的詳細情況；《清會典圖》則是對於壇廟、禮器、樂器、儀仗、鑾輿、冠服、武備、天文、輿地、刑具等的附圖說明。

《大清會典》五朝首尾相連，內容詳實繁複，體例嚴謹，在中國乃至世界都是最為完備的行政法典。全書涉及清朝三百年間的政治、經濟、文化、社會、軍事、法令、民族、宗教等各個方面，為我們研究清朝的政治制度和典章故事提供了全面、系統而較詳備的資料。

《大清律例》原名《大清律》，是清朝的傳世基本法典，草創於西元一六四六年。後經過順治、康熙和雍正三朝君臣的努力，到乾隆即位時，清朝已經進入發展的鼎盛時期，國家的政治已經趨於穩定，滿族貴族的統治根基已經十分牢固，國家的經濟經過近一個世紀的恢復發展，到乾隆時也已經進入高度發達的時期。

滿族上層貴族對漢文化的精髓也有了更深入的理解和認同。因此，制定一部反映清朝社會現實，滿足滿漢社會需要的綜合性法典的主、客觀條件已經成熟。

乾隆皇帝即位之初，即命協辦大學士、禮部尚書三泰為律令總裁官，重修《大清律例》。

修訂者對原有律、例逐條考證，從新編輯，特別是對律文後所附定例進行詳細校訂，折中損益，刪除原版律例後的總注，在律例中間增添小注，以補充、闡釋律義。修訂工作完成後，經過皇帝御覽鑑定，正式刊布。

這次修訂之後，清朝統治階層認為法典已經很完備了，不需要再進行修改，只是規定每五年進行一次修改補充，這樣就足以適應形勢的變化。

後來，清朝就每隔五年將需要補充的內容編入律例中。這樣，到清朝滅亡，一直沿用《大清律例》，直至被新的法律所代替。

《大清律例》共四十卷，卷首有六贓圖、五刑圖、獄具圖、服制圖等八種圖表；律文後附有註釋，以便正確地理解和執行律文。律文分為七篇，篇目冠以律名，故名七律。首篇是名例律，有四十六條，下面不分門類，亦稱四六例。

《大清律例》主要內容除了確定五刑、十惡、八議等重要制度和罪名外，還規定了一些定罪量刑的基本原則。如官吏犯罪分公罪和私罪，公罪處輕，私罪處重。

犯罪分故意和過失，故意罰重，過失罰輕；共同犯罪一般區別首從，從犯減輕；數罪並發，一般只科重罪，輕罪不論；累犯加重，自首減免；老幼殘疾減免，同居相隱不為罪以及類推的一般原則等。

《大清律例》具有鮮明的時代特點。主要表現為以嚴刑峻法推行政治、思想高壓政策，不但對「十惡」處刑更重，而且擴大了謀反、謀大逆的定罪範圍，提高了量刑標準；嚴禁宦官專政，臣下朋黨，更完備地確認皇帝至高無上的權力；廣泛增加滿族享有種種特權的條款；繼續維護封建等級制度和宗法統治；進一步實行重農抑商等。

《大清律例》律文之後所附的條例，是其重要組成部分。條例即皇帝認可的判例和皇帝根據某些具體案件的處理而發出的帶有規範性的命令和規定，簡稱為例。例是律的補充，同律一樣，也是審理案件、定罪量刑的依據。

清朝的例與律有很多不同之處。首先，律的纂修比較慎重，具有相當的穩定性；而例則因時制宜，隨時增刪和修改，因而是一種更為靈活的法律形式。

其次，例的數量大大的多於律條。雍正時就有八百一十五條，到同治時更增至一千八百九十二條。由於例繁雜眾多，常與律文發生牴觸。

最後，在司法實踐中，例的法律效用大於律。通常是有例不用律，有新例不用舊例；律與例都沒有明文時則採用比附，實際上還是用例。

對於蒙古族、藏族、回族、苗族等少數民族，清王朝形成了一套有特色且成功的民族政策和法制。

蒙古族是北方及西北最強大的少數民族，清朝統治者歷來均把與蒙古結盟作為自己統治的基礎。早在皇太極時期，就曾向蒙古宣布《盛京定例》。

西元一六四三年，清太宗皇太極又頒布《蒙古律例》。乾隆朝又多次續修，改稱《理藩院則例》，當時又習稱「蒙古律」、「蒙古例」。這是關於蒙古等北方少數民族的基本法，規定了蒙地的盟、旗制度以及設官襲爵、職守、邊防、法律、朝覲等制度。

對於西藏地區，雍正初年即派有駐藏大臣，乾隆初年確立了達賴喇嘛政教合一的政權體制。頒布了《欽定西藏章程》，不久又修訂了《西藏通制》。

《通制》規定「西藏設駐紮大臣二人，辦理前後藏一切事務」，其地位「與達賴喇嘛、班禪額爾德尼平行」；西藏對外事務由駐藏大臣負責；設立金瓶掣籤制度決定達賴和班禪靈童轉世，由駐藏大臣親自主持儀式，並奏請皇帝批准。

西元一七五〇年，乾隆帝鑒於「訊息往來，唯藏王之言是聽，而駐藏大臣毫無把握，如此即駐兵萬人，何濟於事？」因此命令策楞與岳鍾琪「詳議善後事宜」，務使「令自我出」，「為一勞永逸之計」。

策楞與岳鍾琪在擬定的《酌定西藏善後章程十三條》中廢除郡王制，實行三俗一僧四噶倫制。地方的一般事務，由眾噶倫秉公會商妥善辦理，重要事務，「務須遵旨請示達賴喇嘛同駐藏大臣酌定辦理。」噶倫的任免，由駐藏大臣會同達賴喇嘛奏請補放。

《酌定西藏善後章程十三條》是清朝整頓西藏事務的第一個法律文件，其因勢制宜的針對性十分清楚。

西元一七八八年，駐藏大臣鄂輝等遵旨制定《設站定界事宜十九條》，劃分西藏行政轄區，擴大了駐藏大臣的職權，對地方官員的任免、考核擴展至頭人及官弁；駐藏官兵和唐古特兵的駐紮與管轄，以及駐防守備、操練兵丁，由駐藏大臣統管。

禁止地方官員擅徵賦稅，以免招致邊釁，「倘有第巴、頭人及官弁兵役，倚勢勒買，若累外番，即稟駐藏大臣拿究。」

西元一七九二年，乾隆帝諭示福康安等人「將來撤兵後，必當妥立章程，以斯永遠遵循」，「趁此將藏中積習翦除，一切事權歸駐藏大臣管理，俾經久無弊，永靖邊隅，方為妥善。」

福康安等人遵旨，議定《藏內善後章程二十九條》，規定：駐藏大臣對大小官員的統管權及任免權；最高軍事指揮權與最高司法權；外事獨斷權。

鑒於原有活佛靈童轉世種種弊端，乾隆帝親定靈童轉世的「金奔巴瓶」制度。此項改革受到達賴喇嘛的擁護：

今蒙大皇帝振興黃教，唯恐吹仲等降神作法，指認未真，致有流弊。特頒金奔巴瓶，衛護佛門，實已無微不至，我實感戴難名。

嗣後唯有欽遵聖訓，指認轉世靈童（漢語音譯「呼畢勒罕」）時，虔誦經於大眾前秉公拈定，庶使化身真確，宣揚正法，遠近信心，闔藏僧俗頂戴天恩，無不感激。

《藏內善後章程二十九條》是清政府中後期治理西藏地方政治的基本法規，頒行後，得到全面地執行，產生了積極的效果和深遠的影響，一直到晚清才有所變化。

青海地區在清朝為蒙古族、藏族聚居地區，雍正初置西寧辦事大臣。後從蒙古例內摘選番民易犯條款，編成《番例》，又稱《西寧青海番夷成例》或《西寧番子治罪條例》，亦稱《番例條款》。改例完全脫胎於《蒙古例》一直沿用到二十世紀初。

康熙朝建立以後，開始制定適用於哈密、吐魯番一帶的立法。西元一七五九年平定大小和卓叛亂，各部歸一後，回疆地區納入清朝的直接統轄。但回疆地區民族、宗教、歷史、文化同中原地區迥異，只可按因俗制宜原則進行立法調整。

同年七月，參贊大臣舒赫德等奏稱「阿克蘇是回部大城，村莊甚多，舊為密喇布伯克等管理，今雖不必推以內地官制，而品級職掌宜為釐定，庶足以辨等威，而昭信守。」乾隆帝准奏。

西元一八一一年，理藩院纂修《蒙古則例》時，發現涉及回疆的諭旨臣工條奏積案甚多，因此奏請編纂《回疆則例》，奉旨「依議」西元一八一四年完成。

《回疆則例》確認回疆地區仍實行固有的伯克制度，並詳定職官設置、職掌、品秩、承襲、任用、休致等各種規定。

清朝前期，伊斯蘭教法在南疆地區已廣泛施行，清統一南疆後堅持政教分離原則，承認伊斯蘭教法在一定範圍內的適用，凡涉及婚姻、繼承、家庭、債務等民事案件和輕微刑事案件，允許清真寺的阿訇審理，但不得染指於刑事案件的司法權和維持治安權。

清朝在苗疆也有立法體現。對於西南地區的苗族、瑤族、彝族、藏族、侗族等少數民族，清朝主要實行「改土歸流」的政策，即逐漸廢除土司，改派流官。因清朝習慣於稱以貴州為中心的少數民族地區為「苗疆」，故在《大清律例》中增列了關於苗疆區的十餘條苗例。

為推行「改土歸流」，雍正初年還在苗疆地區頒行了《保甲條例》。乾隆年間還對苗地頒布了《苗疆事宜》、《苗漢雜居章程》、《苗疆善後事宜》、《苗犯處分例》等特別法令。

以上的民族立法具體反映了因族因俗制宜的立法原則的適用。但在因族因俗制宜的前提下，既承認某些習慣法的效力，同時又堅持分析的態度，並不一概襲取。如在承認民族的宗教信仰的同時，又控制宗教權的濫用。

尤其強調加強國家的集中統一，立法權與重大案件的司法權均由中央政府掌握，使民族的特殊利益與國家的整體利益相一致，以鞏固統一多民族的國家統治。

閱讀連結

清雍正帝很重視吏治，為改善吏治，他對官員實行「吐故納新」。雍正賞識執法嚴，作風雷厲風行，行政嚴猛，有開拓氣魄，政績顯著的官員。

雍正帝還是皇子時，曾囑託內務府員外郎鄂爾泰替自己辦些私事，被拒絕。雍正帝即位後非但沒有打擊他，還讚揚說:「你擔任郎官，拒絕皇子的要求，執法嚴格，我很高興。」

後來鄂爾泰青雲直上。再如田文鏡、李衛在河南、浙江清查錢糧做得好，被譽為「模範督撫」。

清朝法律內容及司法體系

■嘉慶皇帝畫像

清朝是以滿族為主體建立的王朝，也是專制主義中央集權制度高度發展的時期，它所建立的法律制度，不僅因襲明制，維護封建法律制度體系，而且突出了其民族統治的特色。

清朝法律在「參漢酌金」的立法思想指導下，在前朝法律的基礎上，根據滿足自身的特點及現代社會的現實，制定出的法律內容和司法體系。

既體現了儒家傳統法律文化的基本精神，又保障了滿族貴族的統治地位，從而維護了清朝統治者進行封建統治的需要。

清朝仍沿用隋唐以來笞、杖、徒、流、死的五刑制度，具體運用往往有一些改變。笞杖刑可折為板責，每十下折責四板，再除去不足五板的零數。徒刑一至三年共五等，分別附加杖六十至一百，每等遞增十杖。流刑兩千里至三千里共三等，每等附加杖一百。死刑仍為絞、斬兩等，分為立決和監候兩種執行方式。立決即立即執行。監候適用於罪行相對較輕的死刑犯，一般是留待秋後，經秋審或朝審最終裁決。

《大清律例》對適用立決或監候的罪名都有明確解釋，對「雜犯死罪」也有一些變通處理，因過失殺人、誤殺人及某些職務犯罪被判處死刑者，往往減等執行徒刑五年。

除以上法定五刑外，清朝還增加了一些法外酷刑，主要有充軍、發遣、遷徙、枷號、刺字等。充軍創立於明朝，重於流刑，是將罪犯發配戍邊，分為兩千里、兩千五百里、三千里、四千里、四千五百里等。

發遣為清朝新增，又重於充軍，是將罪犯發配到邊疆地區，充當駐防官兵的奴隸。遷徙是將罪犯強制遷往千里之外安置。充軍、發遣及遷徙等罪犯可以帶家屬前往服刑，不遇恩赦准許，終生不能返回原籍。枷號和刺字均是一種侮辱體罰性質的附加刑。

清朝在繼承前代統治經驗的基礎上，對刑罰適用制度有所調整，主要有以下幾個方面：

一是擴大自首適用範圍。如康熙時的《督捕則例》鼓勵逃犯「自回自首」，逃亡三次自首仍可免罪；嘉慶時規定，在監犯人因故逃逸又自行回歸者，按原罪名減一等處置。

二是加重處罰家人共犯。凡家人共犯姦盜殺傷之罪，不分首從，一律按首犯論處。

三是實行類推報批制度。清律對唐律的法律類推加以限制，規定「斷罪無正條」者，雖可使用類推，但必須上報皇帝批准，不得擅自裁斷。

四是化外人案件屬地管轄。對化外人犯罪案件，清律放棄唐律分別適用屬地、屬人的原則，改為凡來降人犯罪者，依律擬斷。

對於強盜罪，清律規定，凡是以強盜方式得到的財物，不分首從，皆斬；殺人、放火燒人房屋、姦汙人妻女、打劫牢獄倉庫、侵犯城池衙門等行為，積至百人以上，不分得財與否，一律斬首示眾;響馬強盜，執弓矢軍器，白日邀劫道路，贓證明白者，不分人數多寡，梟示；越城入室行劫，夥盜行劫官帑、漕船，糧船水手行劫殺人等，也都斬首示眾。

在經濟立法方面，清朝入關以後，鑒於明末賦斂無度導致農民起義的教訓，明令廢除「遼餉」、「剿餉」、「練餉」等三餉加派，並仿效明制編訂《賦役全書》，於西元一六五七年頒布，開始建立清朝賦役制度。

《賦役全書》主要內容包括：登記土地、人丁的等級與數量；計算和確定田賦、丁銀的數量；記載各地承辦內廷及朝廷所需實物貢賦的種類與數量；確定地方所徵賦稅的分配與使用原則等。

康熙時期，隨著商品經濟的發展，土地轉移速度的加快，農民人口大量流動，原來按人丁徵稅的賦役制度已難以保障。

西元一七一二年下詔宣布，以康熙五十年的人丁數為定額徵收丁銀，今後再生人丁，永不加賦。

西元一七一六年，廣東各州縣率先實行「攤丁入畝」，把固定的丁銀額按土地畝數平均分攤到田賦中，不再按人口徵稅。至西元一七二三年，又將「攤丁入畝」之制推行到全國，從而簡化了徵稅標準，減輕了農民負擔，廢除了沿襲兩千年的人丁稅，削弱了農民的人身束縛。

西元一六四六年，順治帝下令廢除明朝匠籍制度，將匠戶編入民籍，與農民一體納稅當差，禁止官府以各種名義無償役使手工業工人，使其獲得了與農民相同的法律地位。

同時，放寬了國家對手工業的專擅壟斷，除武器製造、貨幣鑄造及宮廷所需重要物品由官府經營外，其他行業經過官府批准，並按規定納稅，都允許民間手工業者經營。

為了發展私營商業，清朝廢除明末加徵的各項稅賦，並提高了商人的社會地位，西元一六六七年又下令，禁止官僚貴族欺壓掠奪商賈，以保護商人的合法經營。西元一六八六年，還曾建立牙行制度，由其代表官府監督商稅的徵收，管理市場物價，規範市場交易秩序。

西元一七五七年清朝規定「一口通商」，這唯一的通商口岸就是廣州。外國商船隻能至廣州港停泊交易，由粵海關對外國商船徵收船舶稅和貨稅，總稱關稅。

當時嚴格限制出口貨物的種類和數量，凡馬牛、軍需、金、銀、銅、鐵、鉛、錫、銅錢、硫磺、書籍、糧食等都不准出口，而允許出口的絲綢、茶葉、大黃等也嚴格限制數量。

此外，清朝還規定，在廣州進行的中外貿易，必須透過官方指定的壟斷代理商行「十三行」進行，由它充當外國商人的全權代理人，包銷進口商品，代繳關稅，採購各類出口商品。

十三行行商既是外商在華行為舉止的保證人，也是中國官府與外國商人之間的仲介人，外國商人的一切請求均由行商轉達，而中國官府對外國商人的一切政令要求也由行商傳達。十三行還在廣州城外開設「商館」，供外商作為來華貿易的辦事處和住所。

以上諸項海外貿易立法，束縛了民間海外貿易的開展，阻撓了中外正常貿易的進行，影響了社會經濟順利發展。

在行政立法方面，在清朝行政管理體制中，皇帝仍握有至高無上的權力，一切軍政事務由其「乾綱獨斷」。

為了防止宦官專權和臣下結黨營私，清律嚴禁宦官參與政治，嚴禁大臣交結朋黨及內外官交結，犯者按「奸黨罪」處斬。在皇帝之下，仿明制設內閣，代擬批旨，呈進奏章。

內閣大學士名額不定，康熙時多用滿漢大學士四員，雍正時六員，乾隆時增協辦大學士一兩員。內閣大學士為正一品，位列百官之上，但實權遠不及明朝，僅僅具有上傳下達的職權。

在內閣之外，還設有議政王大臣會議、南書房等輔政機構。雍正即位後，因西北用兵而設立軍機處，取代傳統的議政王大臣會議，並侵奪了內閣的部分職權。軍機大臣位高權重，只服從皇帝命令，是清朝君主專制極端化的標誌。

內閣與軍機處之下，沿襲明制設吏、戶、禮、兵、刑、工六部，分設滿漢尚書各一人，滿漢侍郎各二人，下置郎中、員外郎等屬官。六部長官對皇帝負責，只能奏請皇帝頒發必要的詔令，無權向地方直接發布命令。

六部之外的院、寺、府、監均有較大裁併，九寺只剩下審理刑獄的大理寺，管理祭祀的大常寺，管理馬政的太僕寺，以及管理典祀筵宴朝會的光祿寺和鴻臚寺；五監僅剩下掌國學政令的國子監；只有培養封建統治人才的翰林院仍維持明朝時的地位。

地方政權機關分為省、道、府、縣四級。明朝臨時派遣的督撫已成為固定的省級長官，握有地方軍政大權，但必須秉承朝廷指示行事。布政使和按察使失去了明朝時行政上的獨立性，成為隸屬於督撫的分理地方民財和刑獄的兩個機關。

省下設道，作為省的派出機構，負責聯絡省與基層的關係，由道員主管政務。道下設府，由知府主管行政、經濟與司法等事務。與府平級的機構有廳和直隸州。府下設州和縣，州置知州，縣置知縣，由中央直接派遣。縣下設有徵收賦稅錢糧的里甲和防範盜賊的保甲。

在職官監察方面，清朝基本沿襲明制，中央仍以都察院為監察機關，長官為左都御史。為了集中皇權，將六科給事中併於都察院。

六科給事中與十五道監察御史合稱「科道」，分別負責對京內外官吏的監察和糾彈，使監察機構實現一體化。當時有科道官密摺言事制度，將軍機處以外的所有機關和官員都納入監察稽違的範圍之內。

西元一六九〇年，康熙令左都御史為議政大臣，參與朝政決策，充分發揮科道官作為皇帝耳目的作用。地方則由省按察使派出的「分巡道」和省布政使派出的「分守道」分別對府、州、縣官員進行監察，同時廢除了巡按御史制度。

清朝的會審制度有所發展。除了從明朝的「九卿圓審」發展而來的九卿會審外，還制定了朝審、熱審和秋審制度。

審理的案件主要是刑部判決的案件，以及京城附近發生的斬絞監候案件。熱審的目的是加快笞杖刑案件的審理判決，疏通監獄，以防在暑熱天氣庾斃囚犯。秋審是清朝最重要的死刑覆審制度，因為是在每年秋天舉行而得名。

秋審審理的對象是全國上報的斬監候、絞監候案件，案件經過秋審覆審程序後，分四種情況處理：

第一，情實：罪情屬實、罪名恰當者，奏請執行死刑。

第二，緩決：案情雖屬實，但危害性不大者，可減為流三千里，或減發煙瘴極邊充軍，或再押監候辦。

第三，可矜：指案情屬實，但有可憐憫或可疑之處，可免於死刑，一般減為徒、流刑罰。

第四，留養承祀：指案情屬實、罪名恰當，但有親老丁單情形，合乎申請留養條件者，按留養案奏請皇帝裁決。

閱讀連結

清同治、光緒年間，地方執法機構有個仁讓公局，位於現在的廣州市番禺區沙灣鎮古安寧市中街偏東。根據有關文獻記載，仁讓公局在當時擔負眾多的社會管理職責。

當中包括:禁賭博、禁米店抬價、解劫匪、組織蠶業公司、暫停收穀等，解決不了的則呈交縣署裁決。

仁讓公局目前還完整保存有四通石碑，即禁挖蠔殼告示碑，禁牧耕牛告示碑、白鴿票花會公禁碑，即禁賭、四姓公禁碑，它們從側面反映了仁讓公局在基層政權管理中的職責。

國家圖書館出版品預行編目（CIP）資料

法治天下：歷代法制與公正嚴明 / 易述程 編著 . -- 第一版 .
-- 臺北市：崧燁文化，2020.03
面； 公分
POD 版

ISBN 978-986-516-122-4(平裝)

1. 中國法制史

580.92 108018529

書　名：法治天下 ： 歷代法制與公正嚴明
作　者：易述程 編著
發 行 人：黃振庭
出 版 者：崧燁文化事業有限公司
發 行 者：崧燁文化事業有限公司
E-mail：sonbookservice@gmail.com
粉 絲 頁：　　網 址：
地　址：台北市中正區重慶南路一段六十一號八樓 815 室
8F.-815, No.61, Sec. 1, Chongqing S. Rd., Zhongzheng Dist., Taipei City 100, Taiwan (R.O.C.)
電　話：(02)2370-3310 傳　真：(02) 2388-1990
總 經 銷：紅螞蟻圖書有限公司
地　址: 台北市內湖區舊宗路二段 121 巷 19 號
電　話:02-2795-3656 傳真 :02-2795-4100　網址：
印　刷：京峯彩色印刷有限公司（京峰數位）

定　價：200 元
發行日期：2020 年 03 月第一版
◎ 本書以 POD 印製發行